En pages précédentes : vue aérienne de Villeneuve-sur-Lot. Cette grande bastide n'était dotée à la fin du XIIIe siècle que du vieux pont central, construit sur l'instigation du roi Édouard Ier (photo Michel Bernard).
En pages 94-95 : Villefranche-de-Rouergue a répondu aux aspirations de son créateur, Alphonse de Poitiers. Elle est aujourd'hui sous-préfecture de l'Aveyron.

Bastides

Ouvrages de Jacques Dubourg

Histoire des bastides d'Aquitaine, 1991.
Connaître les bastides du Lot-et-Garonne, 1991.
Histoire des guerres de Religion dans le Sud-Ouest, 1992.
Connaître les bastides du Périgord, 1993.
Histoire des grandes révoltes aquitaines, 1994.
Connaître les bastides de l'Armagnac, 1996.
Histoire des bastides de Midi-Pyrénées, 1997.
Énigmes de l'architecture dans le Sud-Ouest, 1999.
Les Templiers dans le Sud-Ouest, 2001.
Histoire des bastides, villes neuves du Moyen Âge, 2002.

© Copyright 2004 – Éditions Sud Ouest. Ce livre a été imprimé par Pollina à Luçon (85).
La photogravure couleur est de Labogravure à Bordeaux (33).
ISBN: 2.87901.595.2 – Éditeur: 17504.01.05.11.04 – N° d'impression: L 95142

Jacques Dubourg

Bastides

Villes neuves du Moyen Âge

ÉDITIONS SUD OUEST

Introduction

Un phénomène urbain : les bastides

Les bastides, villes neuves du Moyen Âge, ont à leur époque constitué un véritable phénomène d'urbanisme. Surgies du sol quelques siècles après les cités romaines et succédant aux sauvetés et aux castelnaux, elles ont constitué dans le sud-ouest de la France la base du paysage rural actuel. Leurs positions géographiques, les conditions de leur implantation ainsi que leurs caractéristiques architecturales restent toujours des sujets d'étonnement. La part qu'elles ont prise dans l'occupation du sol a revêtu une grande importance et on ne peut qu'admirer la performance qu'elles ont représentée aussi bien dans l'espace que dans le temps.

Le mouvement de création des bastides s'est effectué durant les XIIIe et XIVe siècles au cours d'une période relativement brève, de l'ordre de cent cinquante ans, période mouvementée et marquée par un antagonisme quasi permanent entre les Français et les Anglais. La première fondation eut lieu dans les années 1220 et la dernière en 1373.

Ces nouvelles agglomérations qui apparaissaient sur notre sol étaient désignées par le terme de « bastida » aussi bien en langue d'oc qu'en latin et elles furent près de quatre cents à voir le jour. Le vaste quadrilatère qu'elles occupaient avait trois côtés constitués par des frontières naturelles, l'océan Atlantique, la chaîne des Pyrénées et la mer Méditerranée, et pour limite nord les parties septentrionales du Bordelais, du Périgord et du Toulousain. À l'intérieur, les terres étaient souvent pauvres et incultes, voire parfois marécageuses, et elles nécessitaient de grandes opérations de défrichement, à l'image de ce qui s'était passé peu de temps auparavant pour les abbayes.

CI-CONTRE

Monpazier est à juste titre considérée comme l'« archétype des bastides ». Sa place centrale a su conserver son caractère médiéval.

Certes, quelques bastides ont rencontré des difficultés lors de leur construction. Plusieurs ont même avorté et d'autres n'ont pu être achevées, ni organisées conformément aux vœux de leurs créateurs, mais la majorité d'entre elles sont devenues de nouveaux centres de population. Elles ont été considérées à juste titre comme de véritables innovations.

Innovations architecturales

Innovations architecturales tout d'abord, car depuis la fin de l'époque romaine, on avait vu peu de villages vraiment organisés, construits avec un certain ordonnancement et relevant d'un plan bien défini. En revanche, le contour des bastides adoptait une forme géométrique (polygone régulier, rectangle ou même parfois cercle) et il était souvent concrétisé par une muraille, même si celle-ci n'apparaissait parfois que de nombreuses années après le début de la création.

À l'intérieur, les rues principales, dites « charretières », ainsi que les grandes voies secondaires, dénommées « traversières », se coupaient généralement à angle droit et formaient un maillage étonnant ressemblant à un échiquier. Ces artères, le plus souvent rectilignes, donnaient aux habitants de nouvelles impressions d'infini et des jeux de perspective qu'ils n'avaient jamais connus. En effet, jusque-là au Moyen Âge et ce depuis la fin de l'Antiquité, dans les agglomérations, les rues se présentaient sous un aspect bien différent. Leur forme était courbe et étroite et on n'y voyait guère d'une extrémité à l'autre. La nouvelle configuration des rues représentait donc un changement notable.

Les places constituaient elles aussi de nouveaux espaces. Celles qui existaient autrefois du temps des Romains avaient pratiquement disparu, même dans les grandes villes comme Toulouse et Bordeaux. Là, elles renaissaient, jouaient un rôle essentiel dans la vie de la bastide et remplissaient de multiples fonctions. Elles abritaient la maison communale où se prenaient les grandes décisions sur l'organisation de la cité. On y circulait sous les couverts, bien à l'abri des intempéries, pour aller faire ses achats chez les commerçants ou bien pour admirer le travail des artisans. C'est là que se tenaient aussi les foires et les marchés, et toute la population s'y rassemblait pour les grandes occasions.

Innovations sociales

Innovations sociales ensuite, car elles ont fait figure de précurseurs dans de nombreux domaines concernant la vie de la population.

La plus grande partie des nouveaux habitants venait du monde paysan et beaucoup d'entre eux étaient de condition serve. Ils ne jouissaient donc jusque-là que d'un sort peu enviable. Vivant dans une grande dépendance vis-à-vis du seigneur, ils étaient soumis à de nombreuses contraintes : ils devaient accomplir de multiples travaux, acquitter bien des redevances et ne connaissaient guère les charmes de la liberté et de la propriété.

En arrivant dans une bastide, ils étaient tout de suite affranchis. Le statut d'homme libre dont ils bénéficiaient représentait un énorme progrès. Ils devenaient propriétaires de leur maison et de leur terre, et pouvaient les léguer à leurs enfants au moyen de testaments. Les taxes auxquelles ils étaient soumis étaient en voie de diminution et ils vivaient dans une nouvelle entité organisée qui les administrait, où la justice était rendue avec une certaine équité et où ils se sentaient protégés.

Quelques éléments parmi leurs semblables étaient choisis en tant que « consuls » ou « jurats » et participaient à l'administration de la bastide, en liaison avec le « bayle », représentant l'autorité seigneuriale ou royale. Ainsi désormais, par la voix de leurs représentants, ils étaient impliqués dans la gestion de leur cité.

Enfin, au départ, dans leur nouveau village, ils étaient soumis à un système de répartition des plus égalitaires, que l'on a rarement vu appliquer par la suite dans les autres agglomérations. Ils se voyaient attribuer une parcelle de terrain de huit mètres sur vingt en moyenne pour construire leur maison, un jardin, ou « casal », de quatre ou cinq ares destiné au potager et des terres cultivables de quelques hectares. Tous les lots étaient identiques dans une même bastide. Les habitants n'étaient pas plus favorisés les uns que les autres et partaient dans leur nouvelle vie avec les mêmes chances.

Des vestiges significatifs

Les bastides, ces orgueilleuses cités que les souverains français et anglais ainsi que quelques grands subordonnés ont créées à des fins politiques, économiques, démographiques, voire même simplement pour garantir la sécurité des habitants, ont sans doute connu leur apogée vers la fin du XIVe siècle.

Elles ont souvent par la suite subi de nombreuses épreuves. Les conflits qui se sont succédé se sont révélés particulièrement destructeurs. La guerre de Cent Ans, presque contemporaine de leur construction, puis les guerres de Religion au XVIe siècle, enfin la Fronde et la Révolution de 1789 ont amené leur lot de déprédations. Beaucoup d'événements malheureux se sont conjugués pour défigurer ces nouveaux villages.

Néanmoins, beaucoup d'entre eux ont gardé un aspect bien particulier ; on peut encore aujourd'hui admirer de beaux vestiges qui ont été épargnés par les dévastations et ont traversé les siècles.

Le plan organisé et l'aspect géométrique apparaissent encore très souvent sur le terrain et ils se dévoilent de façon encore plus expressive à l'aide de photographies aériennes. Les remparts conservés dans leur intégralité sont rares, mais on trouve le plus souvent des ruines éparses qui permettent de reconstituer leur tracé. Les portes ont généralement mieux résisté que les murailles ; elles se dressent encore en assez grand nombre vers le ciel et se remarquent toujours à leur allure majestueuse. Les places, dotées de couverts et parfois d'une halle, restent les témoins les plus nombreux de la période médiévale, même si elles ont subi quelques rénovations. De belles maisons à colombages et à encorbellements ornent souvent les artères. Quant aux édifices religieux, ils ont sans doute été maintenus en état grâce à de multiples travaux effectués au fil des ans, mais ils restent toujours présents dans les moindres villages.

Ces différents vestiges représentent un précieux patrimoine que nous devons nous efforcer d'entretenir et de conserver. Très apparents dans les trente « plus belles » bastides que nous avons choisies, ils nous permettent, après avoir traversé les siècles, de mieux nous représenter la vie quotidienne des habitants au Moyen Âge.

CI-CONTRE

Cette vue aérienne de Libourne fait apparaître le long tracé rectiligne des rues, trait caractéristique des bastides (photo Michel Bernard).

Gironde

Cadillac

Établie sur la rive droite de la Garonne, Cadillac recèle encore aujourd'hui quelques splendeurs de l'époque médiévale. Le long de la route départementale qui mène à Bordeaux, elle dévoile un majestueux pan de muraille, d'une belle couleur ocrée, dominé par la porte de la Mer et encadré par deux tours d'angle. Cet imposant vestige est en fait un des quatre côtés de l'enceinte fortifiée qui enserrait autrefois le village ; il nous permet d'imaginer la véritable forteresse que constituait alors la bastide.
Si l'on pénètre dans l'agglomération par la porte centrale, quelques autres constructions apparaissent peu après et complètent l'image que l'on peut se faire de la ville neuve du Moyen Âge : la petite place a gardé des couverts sur l'un de ses côtés ; un peu plus loin, la porte Vernihaut, couronnée d'un dôme à lanternon et enserrée entre les maisons, domine les habitations et nous rappelle son rôle de sentinelle à l'entrée sud de la cité ; enfin, un autre morceau de rempart agréablement rénové nous remémore, s'il en est encore besoin, le tracé des fortifications.

Sur ces lieux mêmes, un embryon de village, appelé bourg Saint-Jean, existait déjà au Xe siècle. Il était alors réduit à un petit château bâti sur une masse rocheuse au bord de l'Équille et entouré de quelques habitations ainsi que d'une chapelle. Le sénéchal Jean de Grailly, qui en ce temps-là avait reçu d'Édouard Ier, roi d'Angleterre et duc d'Aquitaine, la mission de construire des villes nouvelles, fut séduit par le site. Il décida en 1280 d'y construire une bastide dont le nom fut tout d'abord Saint-Jean, puis un peu plus tard Cadillac, à l'image de la paroisse sur laquelle elle se trouvait et vendue à la vicomtesse de Bénauges.

Depuis Lalinde, en Dordogne, où il se trouvait, il accorda en 1280 à ses nouveaux sujets des privilèges particuliers qu'il consigna dans une charte de coutumes. De nombreux habitants vinrent occuper la bastide, attirés par les avantages qui leur étaient proposés. Pour la modique somme de douze deniers, ils bénéficiaient d'une parcelle de quatre cannes de largeur (environ huit mètres) et de douze de longueur (vingt-quatre mètres) pour construire leur maison, d'une parcelle pour leur jardin et de terres cultivables. Les redevances auxquelles ils étaient soumis étaient notablement allégées, car ils étaient exonérés de taille, de quête et d'albergue. De plus, ils étaient impliqués dans la vie de la cité : six consuls les représentaient et prenaient part à l'administration de la bastide. La justice qui s'exerçait promettait d'être équitable et ils avaient la garantie de ne pas voir leurs biens saisis, sauf en cas de crime. Leurs filles pouvaient se marier comme ils l'entendaient et leurs garçons étaient libres de choisir la cléricature, ce qui représentait un droit tout à fait inhabituel pour l'époque. Enfin, les activités économiques étaient importantes et la ville s'animait particulièrement le lundi à l'occasion du marché et aussi en d'autres occasions telles que les foires.

Au début toutefois, la protection contre les envahisseurs n'était pas correctement assurée. Les robustes fortifications dont on aperçoit aujourd'hui des restes imposants n'existaient pas encore. La bastide n'était ceinturée que par des fossés et des palissades, et les habitants éprouvaient le besoin d'être mieux protégés. Le fils du fondateur et seigneur des lieux, Pierre de Grailly, en était bien conscient. Il passa un accord avec la population, précisant que le village devait être clos de beaux murs de chaux, de sable et de pierres. Les travaux restaient toutefois à la charge de la population et le roi ne devait assurer que la construction des quatre portes.

Ce contrat était certes conforme aux conventions généralement appliquées dans les autres bastides, et comme partout l'érection des murailles représentait une charge très lourde pour les habitants. Les familles ne se sentaient guère capables de réunir les finances nécessaires. Pierre de Grailly vint à leur aide en leur proposant un subterfuge qui devait permettre de financer les travaux. L'argent nécessaire fut obtenu grâce à la vente du vin. Les mesures

CI-CONTRE

La porte de la Mer à Cadillac faisait face à la Garonne. Accès principal de la bastide, elle était solidement défendue.

Cadillac. Tour d'angle de la muraille; porte de la Mer; muraille.

utilisées à cet effet dans les tavernes de la bastide étaient deux fois plus grandes que celles de Bordeaux et leur contenu était pourtant jusque-là payé au même prix. On les ramena donc aux dimensions de celles de la capitale aquitaine et le bénéfice obtenu chaque fois que l'on tirait du vin fut consacré aux murailles. C'est ainsi que, pour une grande part, les crédits nécessaires à la construction des fortifications furent réunis. Les habitants durent simplement payer un complément en s'acquittant d'une contribution additionnelle. Ils reçurent en revanche une aide supplémentaire du fondateur qui fournit certains matériaux, en particulier la chaux nécessaire, ainsi que le bois susceptible d'être coupé à proximité.

Les conditions étant enfin réunies, les habitants se mirent à l'ouvrage et la ville fut bientôt ceinturée de murs surmontés de créneaux et munis aux angles de tours circulaires. Le sire de Grailly ne fit toutefois pas preuve d'une grande diligence pour remplir ses promesses et dans un premier temps il ne fit bâtir que deux portes. Les habitants envoyèrent alors une délégation jusqu'à Bordeaux pour rappeler à leur seigneur ses promesses, mais ils durent s'impliquer à nouveau et participer aux derniers travaux. Enfin, en 1366, tout était presque terminé. On pouvait désormais entrer dans la ville par la porte de la Mer, solidement défendue par des archères et des mâchicoulis, par la porte Vernihaut au sud, par celle de Benauge à l'est et encore par deux autres issues. Un chemin de ronde séparait les murailles des premières maisons et devant, un fossé extérieur de dix-huit mètres de large et de trois ou quatre de profondeur formait un premier obstacle à franchir. Les habitants de Cadillac se sentirent alors en sécurité.

Mais à peine les fortifications furent-elles terminées que la bastide eut fort à faire pour se défendre. La guerre de Cent Ans avait déjà commencé et des mercenaires bretons aux ordres du duc d'Anjou lancèrent les premiers assauts. Utilisant des « truyes », redoutables machines de guerre, ils mirent à mal les fortifications à deux reprises en 1371, puis en 1377. De nouveaux travaux durent alors être effectués un peu plus tard pour consolider les murailles, notamment vers 1434 et 1435.

La bastide fut encore très éprouvée à la fin de la guerre : en 1453, après la bataille de Castillon, quand le roi Charles VII chargea le comte de Foix et son frère le vicomte de Lautrec d'assiéger Cadillac. L'artillerie lourde, à base de bombardes et de canons de gros calibre, fut utilisée pour abattre les tours et les murailles. Elle endommagea à nouveau les fortifications et les pierres qui s'en détachèrent remplirent en partie les fossés. Après une longue résistance, la garnison abandonna la ville, se retira dans le château et proposa de se rendre aux généraux français tout en offrant plus de dix mille écus si l'on laissait la vie sauve aux assiégés. Mais le roi ne voulut pas entendre parler de capitulation ; il fit pointer toute l'artillerie sur le château, fit mener les dernières opérations par Xaintrailles et se rendit sur les lieux pour assister à la capitulation de la ville.

À la suite de tous ces événements, la population éprouva quelques craintes quand arrivèrent les guerres de Religion ; les huguenots tentèrent d'investir Cadillac vers 1592, mais la garnison résista cette fois aux derniers assauts.

Le site privilégié de Libourne sur les bords de la Dordogne a retenu l'attention de son fondateur. Celui-ci, au XIIIe siècle, avait déjà entrevu les possibilités de développement économique de la bastide.

Dès lors, un autre événement d'importance allait modifier la physionomie de la bastide. Le duc d'Épernon, grand gouverneur de la province de Guyenne, connu pour son tempérament orgueilleux et hautain, jouissait du fief de Cadillac et y fit construire de 1598 à 1620 une demeure digne de son renom ; il utilisa à cet effet les services de Pierre Souffron, ingénieur des bâtiments de la maison de Navarre, puis ceux de Gilles de la Touche-Aguesse, architecte du roi.

Les vestiges de la bastide n'en demeuraient pas moins importants et les caractéristiques de la ville nouvelle du Moyen Âge restaient toujours dans les esprits. En 1732, Louis XV confirmait à son tour depuis Versailles les franchises accordées quelques siècles auparavant par Jean de Grailly.

Aujourd'hui, Cadillac reste toujours une fondation médiévale, mais elle est devenue le centre d'un pays de vignobles. Son patrimoine architectural s'est agrandi de châteaux viticoles appelés « bourdieux », qui furent au XVIIIe siècle les maisons de campagne de parlementaires bordelais et qui, depuis, ont été agréablement restaurés.

Libourne

Implantée au confluent de l'Isle et de la Dordogne, Libourne bénéficie d'une situation privilégiée au sein d'un beau pays de vignobles. Très réputée en tant que marché de vins pour le terroir de Saint-Émilion, pour celui de Pomerol et celui de Fronsac, elle est sans doute moins connue comme cité médiévale ; elle n'en fut pas moins pourtant dans les siècles passés une prestigieuse bastide.

À son emplacement actuel, un petit port dénommé « Fozera » existait déjà au milieu du XIIIe siècle. Les activités y étaient nombreuses et son site agréable ainsi que ses atouts stratégiques et économiques enthousiasmèrent le prince Édouard, fils du roi d'Angleterre, Henri III. Il n'en fallait pas moins pour que celui-ci décidât d'y construire un nouveau village. En 1270, le prince demanda à un gentilhomme anglais, Roger de Leyburn, sénéchal de Guyenne, de procéder à la création de la bastide. C'est ainsi que la nouvelle fondation vit le jour et s'appela tout d'abord Leyburnia, puis Liburnia et enfin Libourne.

Dès le mois de septembre de cette même année, depuis

le château de Vauvert situé dans le Bas-Languedoc où il se trouvait, le prince accorda aux nouveaux habitants une charte de franchises précisant en particulier les nouveaux avantages dont ils bénéficiaient. Leurs biens étaient exempts de toute redevance et les prescriptions nécessaires étaient données à ce sujet aux ministres et aux baillis de l'époque. Ils n'étaient plus tenus de faire la guerre que dans les diocèses de Bordeaux et de Bazas, ce qui limitait nettement leurs obligations militaires. Ils étaient aussi exonérés d'un certain nombre d'impositions.

L'administration municipale était par ailleurs bien définie. Douze jurats devaient être élus chaque année parmi les habitants, la veille et le jour de la sainte Marie-Madeleine. Ces édiles désignaient à leur tour deux prudhommes, parmi lesquels le sénéchal de Gascogne ou l'un de ses adjoints directs choisissaient le maire de la commune. Mais la ville recevait en même temps un statut de ville anglaise : elle devait demeurer à perpétuité entre les mains du roi d'Angleterre et ne jamais être rejetée hors de son domaine royal.

L'essentiel du nouveau village se constitua dans des délais assez brefs. Il adopta comme beaucoup d'autres bastides un contour géométrique et prit la forme d'un polygone irrégulier de grandes dimensions : huit cents mètres du nord au sud et six cents d'est en ouest. La tradition populaire rapporte que les instruments de justice, pilori et carcans, auraient été installés sur la place. L'église se trouvait à la périphérie, à l'emplacement du premier édifice religieux. Mais à la fin de la première décennie, tout n'était pas encore terminé. De nombreuses améliorations architecturales furent apportées au fil des ans et modifièrent légèrement la physionomie originelle de l'agglomération : des couverts se construisirent, complétant ainsi la configuration de certaines maisons, notamment sur la place. De nouvelles chaussées furent aménagées, telle celle des paluds. Puis la construction des fortifications fut entreprise. Pendant ce temps, les premiers maires avaient pris leurs fonctions, selon les règles établies dès l'origine, et en 1274 Raymond Brun de Fronsac présida aux destinées de la ville. Il eut de nombreux successeurs, mais les rapports entre la municipalité et le souverain anglais furent parfois conflictuels. Ce fut le cas notamment en 1288 lorsqu'Édouard Ier décida de supprimer la mairie. Ces difficultés ne furent toutefois que de courte durée, car le 4 juin de l'année suivante, le roi rétablissait pour les Libournais le droit d'élire leur maire.

CI-CONTRE

Sur les bords de l'Isle, la vieille porte fortifiée, flanquée de la tour du Grand-Port, témoigne de la puissance de la bastide de Libourne.

La construction de l'enceinte fortifiée se révéla une longue entreprise ; comme l'usage le prévoyait, le roi d'Angleterre participa aux frais de construction en laissant aux habitants durant quelques années une partie des redevances et péages. Les travaux progressèrent très sensiblement sous le règne d'Édouard III, mais ne se terminèrent qu'en 1341, à la veille de la guerre de Cent Ans, dans une période où il valait mieux adopter quelques mesures pour se protéger. Une fois terminées, les murailles donnèrent aux habitants un sentiment de sécurité ; il faut dire qu'elles étaient imposantes. Épaisses d'un mètre cinquante, se développant sur près de mille cent soixante toises (deux mille deux cent mètres environ), elles étaient flanquées de tours rondes et couronnées de mâchicoulis. Les huit portes qui constituaient les issues de la cité portaient des noms évocateurs indiquant la direction de villages voisins ou la présence de lieux-dits ; les quatre principales constituaient les extrémités des deux grandes rues charretières. Elles s'appelaient porte de Périgueux ou de la Terre, Bedignon, Saint-Émilion et porte du Grand Port ou de La Rivière. Parmi les autres figuraient celles de Saint-Thomas, de Salinières et de Font-Neuve.

L'hôtel de ville définitif ne fut lui aussi érigé que très tardivement. Ce n'est qu'en 1427 qu'il vit le jour, à l'angle de la place des couverts.

Malgré les premiers signes annonciateurs de conflits, la bastide de Libourne semblait répondre aux espérances que le souverain anglais avait mises en elle. Au début du XVe siècle, la population avait augmenté dans de fortes proportions, les échanges et le trafic du port s'étaient intensifiés et les péages perçus aussi bien pour les marchandises chargées en ville que pour celles passant sur la Dordogne créaient une situation financière favorable. Le commerce des vins s'y effectuait déjà à une grande échelle et les négociants libournais vendaient les produits de la région à des marchands de Londres. Leurs tractations commerciales étaient nombreuses et entraînèrent des relations fréquentes entre la ville de Bordeaux et l'Angleterre.

Mais hélas, les conflits successifs n'épargnèrent pas Libourne. Durant la guerre de Cent Ans, alors qu'elle constituait une sorte de ville frontière entre les Français et les Anglais, elle fut le théâtre d'âpres combats. Les deux camps s'y affrontèrent et l'occupèrent successivement ; mais après la bataille de Castillon et après avoir vécu pendant près de deux siècles sous l'autorité anglaise, elle devint à tout jamais française en 1453. Puis, au cours des guerres de Religion, certains de ses édifices tels l'église Saint-Thomas, la chapelle de l'Épinette et le couvent des Cordeliers furent gravement endommagés. Ce n'est vraiment qu'au XVIIe siècle que la bastide retrouva un certain calme.

Aujourd'hui, quand les promeneurs portent leurs pas

L'hôtel de ville de Libourne date du XVe siècle.

La place Abel-Surchamp à Libourne, spacieuse et aérée, est bordée de couverts.

Vue de la tour du Grand-Port à Libourne.

sur la place Abel-Surchamp, ils doivent marquer quelques instants d'arrêt car ils sont dans la partie vitale de l'ancienne bastide. Une promenade sous les couverts leur permet d'admirer la place sous ses différents angles et de prendre conscience des grandes dimensions caractérisant cette importante fondation. Certes, les maisons que l'on trouve sur les différents côtés ont remplacé aux XVIe et XIXe siècles les habitations d'origine, mais elles n'ont guère entamé la splendeur de ce vaste espace et l'hôtel de ville du XVe, rénové par la suite, complète heureusement cet ensemble. Un peu plus au sud, se trouve l'église Saint-Jean qui date du XIIe siècle, mais qui par la suite a été transformée à plusieurs reprises.

Pour retrouver d'autres traces de l'ancienne cité, il faut se porter sur le quai de l'Isle qui nous rappelle l'ancien port. On peut alors imaginer les stocks de vin qui s'y trouvaient et attendaient d'être embarqués au milieu des allers et venues des mariniers et des commerçants. Non loin de là, une ancienne porte est encore présente. Impressionnante par sa masse et flanquée de la tour du Port-Coiffé et de la tour Richard, elle nous rappelle le fils du Prince Noir, né à Bordeaux en 1366. C'est ici que passaient les anciennes murailles et les quelques autres vestiges situés à proximité dans la rue des Chais et dans celle du Port-Coiffé nous permettent d'imaginer leur tracé. Enfin, la ruelle Carreyron, dont l'exiguïté rappelle celle de certaines anciennes artères secondaires, nous permet de nous replonger dans une atmosphère médiévale.

Tous ces vestiges du passé ont conservé leur caractère imposant et témoignent encore aujourd'hui de l'importance de l'ancienne bastide. Depuis le Moyen Âge, Libourne n'a d'ailleurs pas démérité et a largement développé ses activités viticoles. C'est actuellement l'une des rares fondations qui se soit très fortement développée et qui soit aussi devenue sous-préfecture.

Sauveterre-de-Guyenne

Située au nord de La Réole dans une contrée vallonnée et parsemée de vignobles, Sauveterre-de-Guyenne est sans doute l'une des bastides les plus caractéristiques de l'Entre-deux-Mers. Dès qu'on pénètre dans le village, on remarque le plan orthogonal, jalonné de rues rectilignes qui se coupent à angle droit. La vaste place, en pente douce, est encore maintenant, comme au Moyen Âge, bordée de cornières où les passants aiment à se promener. Dans l'un de ses angles et juste à l'extérieur, apparaît l'église. Légèrement en retrait par rapport au centre vital du village, elle a, bien que plusieurs fois remaniée, conservé sa position d'origine. Mais l'une des grandes richesses de Sauveterre est constituée par ses quatre portes situées à la périphérie : celle de Saubotte est sans doute la plus haute et la plus majestueuse, et les trois autres, celles de La Réole, de Saint-Léger et de Saint-Romain, ont encore de beaux restes et nous renseignent sur le tracé de l'enceinte aujourd'hui disparue. Enfin, quelques vieilles maisons à colombages peuvent être admirées au cours de flâneries dans l'agglomération.

La bastide est née dans des conditions difficiles aux alentours de l'année 1280. Une motte féodale située juste au nord de l'emplacement actuel et déjà désignée sous le terme de Sauveterre était alors occupée par un château; elle était entourée de divers autres terrains appartenant respectivement à l'abbé de Blasimon, à un damoiseau de la contrée, Jordan du Puch, et à une noble dame nommée Attalasie. Les terres étaient déjà exploitées, mais l'habitat y semblait très dispersé. Or, le fils de dame Attalasie, Gaillard d'Escoussans, qui appartenait à la vieille et puissante famille des seigneurs de Langoiran, désireux de reconstituer l'unité de sa seigneurie, occupa un beau jour une partie des parcelles et suscita ainsi une véritable crise locale. Malgré les interventions de plusieurs seigneurs de la région, il refusa de restituer les terres, rendant ainsi la situation des plus complexes. Jordan du Puch, voyant qu'il ne pouvait obtenir de secours d'aucun côté, envoya, en accord avec l'abbé de Blasimon un émissaire vers le roi d'Angleterre Édouard Ier, duc d'Aquitaine, afin de lui proposer la construction d'une bastide sur ces lieux. Malgré ce climat délétère, Édouard Ier répondit favorablement à l'offre qui lui était faite et désigna l'abbé de Saint-Ferme pour procéder à la création de la bastide.

Il lui adressa ses instructions en juin 1281 et les travaux commencèrent aussitôt. Mais de nouveaux différends intervinrent au sujet de la propriété des lieux. Deux autres seigneurs, celui de Benauge, Jean de Grailly, et celui de Bergerac, Alexandre de La Pebrée, contestèrent les droits de propriété annoncés; ils déclarèrent que la bastide de Sauveterre et ses appartenances relevaient de leur fief et se déclarèrent lésés. Ils demandèrent au roi d'Angleterre de faire arrêter la construction jusqu'à ce qu'on ait fait toute la lumière sur cette affaire. Édouard Ier fit alors interrompre les travaux et au cours du mois de novembre envoya deux hommes de loi chargés de mener une enquête. Les recherches entreprises furent particulièrement longues et ne se terminèrent qu'en mai 1282. Les prétentions des deux seigneurs furent jugées sans fondement et la construction de la bastide put enfin reprendre.

Le 21 novembre 1283, une charte de coutumes, scellée du grand sceau du roi d'Angleterre, fut octroyée aux futurs habitants. Ceux-ci pouvaient désormais, contre une somme de douze deniers, monnaie courante de Bordeaux, acquérir un emplacement de quatre stades de large sur douze de long pour construire leur habitation. Ils étaient exemptés de redevances sur le vin, le sel, le fournage et sur tous les produits qu'ils pouvaient vendre ou acheter à l'intérieur de la ville. De plus, s'ils habitaient sur la place, ils n'étaient pas redevables d'impositions sur les gouttières, les fenêtres et les devants des fenêtres.

Leurs biens étaient préservés en cas de dettes et les servitudes des prestations militaires leur étaient épargnées pendant sept ans. Ainsi, leur nouveau statut d'habitants de Sauveterre leur évitait bien des contraintes auxquelles ils étaient soumis antérieurement.

Les paysans bénéficiaient aussi de grandes possibilités de culture. Ils pouvaient obtenir autour de la ville autant de terres que « deux de leurs bœufs pouvaient raisonnablement cultiver en un an ». Leurs produits devaient en-

Sauveterre-de-Guyenne. Cette porte ouvrait l'accès en direction de Bordeaux.

L'église de Sauveterre-de-Guyenne est située à l'extérieur de la place, en diagonale.

Sauveterre-de-Guyenne a conservé plusieurs de ses portes.

suite se vendre chaque jeudi au marché et lors des quatre foires organisées chaque année. L'administration de la bastide était assurée par un bayle et douze jurats, et un notaire officialisait les textes ainsi que les différentes transactions.

Mais alors que la construction de la bastide était encore en cours, Sauveterre fut le théâtre de différends avec ses voisins. En 1284, des hommes de Jean de Grailly, seigneur de Benauge, qui s'était montré hostile à la fondation du nouveau village, créèrent des incidents, provoquèrent de nombreux dommages et en vinrent même à détruire des vignes. Les familles en furent réduites à se défendre les armes à la main et firent appel à la protection du roi d'Angleterre, duc d'Aquitaine. Il y eut des blessés graves parmi les officiers de police du roi-duc.

Malgré ces nombreux incidents et les vexations et moqueries dont ils étaient victimes de la part de leurs voisins, les nouveaux habitants de Sauveterre parvinrent à terminer leur installation et ce n'est vraiment qu'en 1289 que la bastide vit enfin le jour. Elle était entièrement tracée et traversée par quatre grandes rues de quatre stades de largeur ; des remparts de pierre l'entouraient, complétés par quatre portes et par un large fossé. Les seigneurs voisins n'avaient pas réussi à la faire échouer comme ils l'avaient espéré. Néanmoins, Sauveterre, qui dans l'esprit des fondateurs devait devenir une cité très importante et abriter près de trois mille habitants, n'en compta vraisemblablement jamais plus de mille.

La nouvelle bastide de l'Entre-deux-Mers, même si elle n'a pas eu l'essor escompté par ses créateurs, semble avoir été très vite prospère. Elle fut d'un bon rapport pour le roi d'Angleterre. Celui-ci la concéda en 1305 à Guillaume Raymond de Ségur pour la somme de deux cent quarante livres bordelaises.

Les siècles qui suivirent furent parfois mouvementés et, comme beaucoup d'autres fondations, Sauveterre eut à souffrir de nombreux conflits. Considérée comme une bastide importante tant sur le plan économique que du point de vue stratégique, elle fut malmenée durant la guerre de Cent Ans et changea de mains à diverses reprises. En 1377, alors qu'elle était tenue par les Anglais, la ville fut assiégée par le duc d'Anjou. Elle tint durant trois jours, mais finit par se rendre. Elle devint française, et en 1387, Charles VI proclama qu'elle était liée à sa couronne ; il confirma ses privilèges. Les Anglais devaient toutefois reprendre le village en 1420, mais en 1451 Jean d'Armagnac, lieutenant du roi de France, passa un traité avec les habitants de Sauveterre en vue d'obtenir leur capitulation. Dès lors, la bastide devint définitivement française. Au cours des guerres de Religion, la ville, qui avait pris le parti de la Réforme, subit bien des déprédations, notamment à la suite d'interventions de Blaise de Monluc. Enfin, en 1838, les murailles furent démantelées.

Aujourd'hui, Sauveterre-de-Guyenne conserve encore quelques importants vestiges de la bastide. C'est un beau village de près de deux mille habitants enserré dans les vignobles et qui a su conserver son importance économique d'antan. De nombreux Anglais viennent encore y rechercher des traces de leur passé.

Une des quatre portes fortifiées de la bastide de Sauveterre-de-Guyenne.

CI-CONTRE

Sauveterre-de-Guyenne est l'une des bastides les plus caractéristiques de l'Entre-deux-Mers.

Landes

Labastide-d'Armagnac

Situé aux confins des Landes et du Gers, sur la rive gauche de la Douze, ce village, qui s'inscrit dans un carré de deux cent vingt mètres de côté, mérite largement d'être classé parmi les plus belles bastides. Il en a gardé toutes les caractéristiques et l'on prend plaisir à s'attarder sur sa vaste place carrée que l'on qualifie maintenant de place Royale. Les vieilles maisons qui la bordent lui confèrent un charme bien particulier, tout en conservant leur originalité avec leurs magnifiques colombages ou leurs majestueuses façades de pierre. Les couverts, surmontés de belles boiseries, invitent à la promenade et dévoilent vers le centre de ce grand espace des ouvertures aux formes diverses soutenues par de robustes piliers.

L'administration communale et le clergé local semblaient faire bon voisinage. Sur l'un des côtés, la mairie, avec sa halle aux grains, s'appuie presque sur l'église, mais celle-ci est sans doute la plus remarquable. Construite au XIIIe siècle et remaniée au XVe, elle est omniprésente sur la place, à l'inverse des églises de la majorité des autres bastides aquitaines qui se font plus discrètes et restent en retrait. Prenant l'allure d'une massive forteresse, elle veille sur la cité avec son puissant clocher-tour. A l'intérieur, elle nous réserve encore quelques surprises : sa nef est voûtée de croisées d'ogives et son chevet plat est doté de peintures en trompe l'œil. Une belle pietà en bois du XVe siècle, provenant vraisemblablement de Sarbazan, près de Roquefort, complète agréablement l'ornementation. Elle pleure même encore, dit la légende, quand les habitants de Sarbazan viennent la prier.

CI-CONTRE

Vue aérienne de Labastide-d'Armagnac, construite autour de sa « place royale » (photo Michel Bernard).

Quatre artères principales partent de la place, rencontrent sur leur parcours de nombreuses ruelles et constituent ainsi un véritable damier. Elles aboutissaient autrefois aux longues murailles qui ceinturaient la cité, mais malheureusement celles-ci ont disparu, ainsi que toutes leurs portes. Les rues adjacentes, qui abritent encore quelques belles maisons, méritent d'être parcourues.

Il y a maintenant plus de sept siècles, en 1291, deux grands personnages de la région, Bernard VI, comte d'Armagnac, et Arnaud Guillaume de Mauvezin passaient une transaction afin de fonder la bastide sur les terrains actuels qui dépendaient du vicomté de Juliac. L'opération ne fut pas aussi aisée qu'ils avaient pu le croire et ils rencontrèrent très vite quelques oppositions, notamment de la part des vicomtes de Marsan ; mais Édouard Ier, roi d'Angleterre et duc d'Aquitaine, aplanit les difficultés en donnant son aval. Au début, la fondation s'appela « Bolonia », puis elle prit le nom de Villefranche et enfin de Labastide-d'Armagnac. Elle fut dotée d'une charte de coutumes en 1298 par Jean de Grailly, sénéchal d'Édouard Ier.

En quelques années, le nouveau village vit le jour et au XIVe siècle, il paraissait terminé. Il était alors entouré d'une longue muraille de mille mètres de longueur et connaissait une ère de prospérité. Son économie semblait déjà florissante : il rapportait annuellement au roi d'Angleterre la somme de cent livres. Mais la période suivante fut moins favorable, avec notamment la guerre de Cent Ans : la bastide servit alors de ville de garnison au Prince Noir et subit à cette occasion des détériorations. Plus tard, au cours des guerres de Religion, sa qualité de cité protestante lui attira des ennuis. Monluc la malmena et détruisit notamment son temple. Les fidèles du culte, qui étaient poursuivis, s'enfuirent jusqu'à Saint-Justin, croyant trouver un asile dans l'église, mais ils y furent tous égorgés. Henri IV serait aussi venu à plusieurs reprises à Labastide-d'Armagnac au cours de ce conflit et aurait attribué la ville aux d'Aubijoux, capitaines protestants. Certains prétendent que l'esthétique de la place centrale l'aurait enthousiasmé et l'aurait amené à construire à Paris, sur le même plan, la place des Vosges. Durant la même période,

L'église de Labastide-d'Armagnac a été édifiée sur la place.

Labastide-d'Armagnac. Les couverts sont surmontés de vieilles boiseries.

en 1598, Sully fit planter un ormeau devant l'église à l'occasion de la signature de l'édit de Nantes.

Richelieu fit ensuite détruire l'enceinte de cette cité toujours réputée protestante vers 1624 et, en 1653, durant la période de la Fronde, Labastide-d'Armagnac subit encore quelques avatars. Enfin, au XVIIIe siècle, elle semble avoir retrouvé sa prospérité sous le marquisat de Maniban. Une riche bourgeoisie, composée de procureurs, d'avocats, de juges et de médecins y résida et redonna tout son lustre à la bastide.

Malgré les périodes difficiles qu'il a traversées, le village se présente encore aujourd'hui sous l'aspect d'une belle bastide. Chef-lieu de canton du Gers pendant de nombreuses années, il a été rattaché au département des Landes en 1850. Il conserve une vocation rurale et vit de l'agriculture ainsi que du négoce de l'armagnac. Mais il s'anime tout particulièrement chaque année à l'occasion d'évocations historiques et son passé médiéval reprend alors toute sa valeur. Non loin de là, à deux kilomètres, la vieille chapelle de Géou est devenue elle aussi célèbre en tant que sanctuaire national des cyclistes.

Saint-Justin

Si l'on se rend de Marmande à Mont-de-Marsan par la route départementale, une halte s'impose à Saint-Justin. C'est en effet l'occasion de visiter une vieille et belle bastide du XIIIe siècle qui est née sur un promontoire, dans une boucle de la Doulouze, à la limite des Landes et de l'Armagnac.

En arrivant au village, sur la gauche, une vieille ruelle pavée, en forte pente, encadrée à son sommet par le clocher de l'église et une vieille tour octogonale, attire déjà notre attention. Dès que le visiteur l'emprunte, il a l'impression d'être revenu à l'époque médiévale… Cette sensation se poursuit lorsqu'il pénètre sur la place. Ce vaste espace, maintenant bien dégagé, se présente sous la forme d'un rectangle, bordé de couverts et de vieilles maisons de pierre ou à pans de bois. Les rues adjacentes abritent ici ou là quelques vieilles bâtisses dont certaines sont ornées de meneaux. Quant à l'église du XIIIe siècle, qui devait autrefois constituer un élément de défense de la cité, elle a été remaniée, dotée d'un nouveau clocher-tour, mais a conservé sa nef centrale gothique à ogives surbaissées.

Il semble que l'emplacement du village ait déjà été occupé à l'époque romaine et que ses habitants aient été évangélisés au Ve siècle par saint Justin, évêque de Tarbes. Beaucoup plus tard, vers le XIIe siècle, il devint en même temps que divers autres domaines des alentours la propriété de l'ordre des Hospitaliers de Saint-Jean-de-Jérusalem. Mais, à la fin du XIIIe, la construction des bastides était à l'ordre du jour, et de nombreux grands person-

Vue sur l'église et les maisons à colombages de Saint-Justin.

Vieille rue pavée conduisant à la place de Saint-Justin.

nages cherchaient à marquer leur territoire en fondant de nouveaux villages. Dans ce contexte, en 1280, le prieur hospitalier de Saint-Gilles, Guillaume de Villaret, céda les terrains où se trouve actuellement Saint-Justin à la vicomtesse Constance de Marsan et passa avec elle un acte de paréage afin qu'une bastide y soit construite. De son côté, l'évêque d'Aire, Pierre II de Betous, fit don de l'église qui avait déjà été élevée sur ces lieux.

Toutes les conditions étaient donc réunies pour que naisse la nouvelle agglomération. Certes, le terrain utilisé fit l'objet de contestations, car l'autorisation du roi d'Angleterre Édouard Ier n'avait pas été demandée, mais les difficultés s'aplanirent assez vite. La construction s'effectua progressivement et le village se peupla des habitants des paroisses environnantes. Ils venaient de Gontaut, de Gontadès, Garbail, Douzevielle, Saint-Martin-de-Noët et Saint-Jean-de-Sauboères. En venant s'installer, ils bénéficièrent des nombreux avantages que leur accordait désormais la charte de coutumes délivrée par Constance de Marsan en 1309.

La situation administrative de Saint-Justin évolua par la suite ; la bastide fut donnée par la vicomtesse de Marsan à sa sœur Marguerite en 1340 et fut dès lors réunie à la vicomté de Béarn. Elle traversa ensuite des moments difficiles. Il y eut en particulier le siège des Anglais en 1359 et deux siècles plus tard, en 1569, lors des guerres de Religion, la visite de Monluc. En cette dernière occasion, des protestants qui s'étaient enfuis depuis Labastide-d'Armagnac furent égorgés à l'intérieur de l'église. Puis, durant la Fronde, Saint-Justin fut occupée successivement par les deux partis opposés et enfin, au cours de la Révolution, son église fut détériorée. Elle perdit même en l'an II de la République sa qualité de chef-lieu de canton.

La bastide eut toutefois l'occasion de vivre des événements plus heureux. Elle reçut en particulier la visite de quelques grands personnages. Gaston Phébus y passa au XIVe siècle, puis ce fut le tour de Jeanne d'Albret et d'Henri IV en 1585. Louis XIII y fit étape en 1620 en se rendant vers le Béarn et sa sœur, la duchesse de Montpensier, dite la Grande Demoiselle, s'y arrêta en 1660 en revenant de Saint-Jean-de-Luz après avoir assisté au mariage de Louis XIV. Par ailleurs, le village fut pendant longtemps un lieu de foires très fréquenté par les gens des autres régions. On y venait neuf fois par an des Pyrénées, du Bazadais, de l'Armagnac, du Marsan et des Petites Landes. Les attractions y étaient nombreuses et l'on pouvait assister à des combats d'ours et de chiens.

Aujourd'hui, l'agglomération de Saint-Justin, qui appartient au canton de Roquefort, s'est étendue et agrandie de nouveaux quartiers, mais la partie correspondant à l'ancienne bastide a conservé tout son cachet.

Lot-et-Garonne

Monflanquin

Perchée sur une colline de cent quatre-vingts mètres d'altitude au-dessus de la Lède, Monflanquin domine la région environnante et offre de larges vues sur les alentours. Cette bastide au site privilégié et au contour ovale est l'une des plus pittoresques et des plus animées du Lot-et-Garonne ; elle recèle de très beaux restes de son passé.

Sa place, en pente légère et aux dimensions réduites, est pleine de charme et on se sent en sécurité dans cet espace clos, entouré de couverts ; il s'en dégage un sentiment d'intimité et de bien-être qui replonge tout naturellement les visiteurs dans une ambiance médiévale. Les maisons de pierre qui l'entourent reposent sur d'énormes piliers et les larges cornières sont surmontées de belles boiseries. La vieille halle a malheureusement disparu, mais on peut en revanche admirer dans un angle la maison du Prince Noir. Cette belle bâtisse en pierre, ornée de deux fenêtres ogivales, a succédé à la demeure du XIVe siècle occupée autrefois par le prince anglais. Non loin de là, en diagonale par rapport à la place, l'église Saint-André, que l'on appelait alors Notre-Dame, a conservé des éléments de sa période originelle et notamment un porche aux six arcs successifs. La façade, constituée d'un mur plat, est dominée par une galerie et est encadrée de deux clochetons ; elle confère à l'édifice l'aspect d'une fortification. Mais l'église a une autre particularité qui a déjà suscité bien des interrogations : le portail, la nef et l'abside ne se situent pas sur le même axe. Certains prétendent que ce phénomène est dû à une volonté symboliste des bâtisseurs ; ces derniers, disent-ils, se seraient ainsi efforcés de représenter le Christ sur sa croix, la tête inclinée.

De l'autre coté de la place, un passage couvert communique avec un îlot très ancien, rénové avec goût et traversé par de petites ruelles appelées autrefois « carrérots ».

CI-CONTRE

Dominant le paysage environnant, Monflanquin se présente avec un contour quasiment circulaire (photo Michel Bernard).

On peut y admirer quelques belles habitations en pierre, ainsi qu'une citerne creusée dans le sol et destinée à recueillir les eaux de pluie. Enfin, dans d'autres quartiers et dans des rues souvent marquées par une forte déclivité, quelques maisons à pans de bois datant des XIIIe et XIVe siècles nous rappellent le caractère médiéval de la cité.

À l'origine, Monflanquin fut une bastide française. Le seigneur de Calviac, Guillaume Amanieu, céda l'emplacement en 1252 à Alphonse de Poitiers, comte de Toulouse et frère de Louis IX ; celui-ci y créa quatre ans plus tard, en 1256, un nouveau village qui devait avec Saint-Pastour constituer une deuxième ligne de défense face aux Anglais derrière Sainte-Foy-la-Grande, Eymet, Castillonnès et Villeréal. Avant de procéder à cette création, le comte s'était entouré de garanties ; il avait fait vérifier par des enquêteurs que la propriété des lieux ne souffrait aucune contestation.

L'agglomération fut bâtie sur un plan orthogonal et six rues principales coupées perpendiculairement par six autres artères secondaires la traversaient. Les habitations étaient construites par les nouveaux occupants avec des matériaux récupérés dans les forêts et les carrières voisines. La juridiction de la bastide s'étendait sur un vaste territoire ; la baylie de Monflanquin ne comprenait pas moins de quarante et une paroisses et constituait ainsi un ensemble reliant le bassin du Drot à celui du Lot. Une charte de coutumes, identique à celle de Monclar et dite par la suite « alphonsine », en souvenir de son fondateur, fut attribuée aux habitants : la bastide était gouvernée par le bayle Bernard Archerii et six consuls catholiques qui représentaient la population. Ces derniers s'occupaient surtout des travaux publics ; ils faisaient réparer les rues, les chemins, les fontaines et les ponts.

Les habitants qui devaient participer au financement des travaux étaient exonérés de quelques redevances telles que la quête, la taille, le droit de gîte. Ils étaient toutefois soumis à diverses obligations : en matière d'hygiène notamment, il leur était interdit de jeter des immondices sur la voie publique. La justice les garantissait contre toutes

Monflanquin. La maison du Prince Noir; les couverts; l'église fortifiée Saint-André et son porche aux six arcs successifs.

sortes d'exactions, qu'il s'agisse de coups et blessures, de vols de jour ou de nuit, de fraudes pratiquées par les commerçants ou bien tout simplement des dégâts causés par les animaux des voisins dans leurs jardins, leurs vignes ou leurs prairies.

Vingt-deux ans après sa création, la ville était protégée par une enceinte qui mesurait mille cent mètres, comportait onze tours et était dotée de quatre portes fortifiées. Son importance économique était déjà grande. La baylie rapportait deux cents livres à Alphonse de Poitiers en 1271.

Mais en 1279, quelques années après la mort d'Alphonse de Poitiers, l'Agenais passait aux mains des Anglais et ceux-ci prenaient pied dans le village. Édouard Ier y effectua son entrée solennelle en 1283. La bastide fut sans doute considérée comme un point stratégique important, car le sénéchal Jean de Grailly y séjourna souvent dans un château. On dénombrait en 1289 dans la cité six cent vingt habitants. Pendant la guerre de Cent Ans, après que le village eut été annexé par la couronne anglaise, le Prince Noir, fils du roi Édouard III en fit sa résidence. Mais un peu plus tard, Monflanquin redevint à tout jamais française.

Le calme qu'elle connut pendant quelques décennies fut à nouveau troublé durant les guerres de Religion. Au milieu du XVIe siècle, les prédications de Jérôme Cazabonne avaient remporté quelques succès et la ville était devenue un foyer important du protestantisme. Le maréchal de Monluc l'occupa pourtant vers 1568, mais alors qu'il en était sorti pour aller un peu plus loin combattre d'autres réformés, Thoiras, un des chefs huguenots, entra à Monflanquin, brûla l'église et le couvent des Augustins, égorgea les religieux et détruisit les maisons des catholiques. En 1574, la bastide, redevenue un fief protestant, repoussa les catholiques grâce à l'action de Langoiran, gouverneur de Périgord.

Mais sous Louis XIII, en 1622, le calme n'était toujours pas revenu; Monflanquin, demeurée cité protestante, subit l'assaut du baron de Castelnau et celui-ci, après avoir effectué une brèche dans les murailles, combattit dans les rues et répandit beaucoup de sang.

Peu de temps après, en 1632, Monflanquin perdit son caractère de ville fortifiée et fut démantelée en raison de son attachement à la religion réformée.

Aujourd'hui, l'ancienne bastide semble avoir oublié ces tristes périodes et s'attache à remettre en valeur les restes de son passé. Les réseaux électriques et téléphoniques ont été enterrés afin de préserver l'esthétique du village. Les petites ruelles pleines de charme ont été réouvertes et permettent aux visiteurs de flâner en toute tranquillité. Les marchés ont été maintenus le jeudi comme le prévoyaient les coutumes de 1256. Enfin, la bastide s'anime tout au long de l'année grâce à de multiples activités. Foires aux antiquités, festival de musique, journées médiévales, festival de tragédie, foires aux produits régionaux et artisanaux se succèdent au fil des mois.

Vianne

Implantée dans une contrée verdoyante sur les bords de la Baïse, Vianne, que certains appellent « la petite Avignon gasconne », est l'une des rares bastides qui ait conservé la majeure partie de son enceinte. Les murailles sur lesquelles s'adossent de nombreuses maisons courent tout autour du village sur environ mille deux cent cinquante mètres et l'on peut y admirer quatre belles portes incluses dans des tours carrées à un étage, portant encore les rainures des herses. Deux autres tours d'angle, de forme arrondie, surmontées de créneaux et percées d'archères, complètent les restes du dispositif de défense. Les fossés qui doublaient autrefois les murailles ont disparu après avoir été comblés, mais l'intégrité de l'enceinte permet facilement d'imaginer leur tracé.

À l'intérieur et tout près du centre de l'agglomération, la place carrée a perdu ses arcades, mais elle est toujours reliée aux quatre portes par deux grandes rues principales. À proximité d'une des issues, l'église romane, du XIIe siècle, a été remaniée aux XIVe et XVIe siècles, mais elle n'en est pas moins remarquable pour la pureté de son style. C'est un bel édifice doté d'une nef à cinq travées dont la tour carrée a été fortifiée lors de la création de la bastide.

Vianne a une longue histoire. Un centre de population existait vraisemblablement sur les lieux dès l'époque romaine, comme en témoignent les antiquités découvertes vers la fin du XIXe siècle et au début du XIIe, l'emplacement était occupé par le hameau de Villelongue. Mais c'est un peu plus tard que le site va vraiment prendre de l'importance. En 1284, la bastide naquit sur l'initiative de Jean de Grailly, sénéchal du roi d'Angleterre, qui œuvra en liaison avec Jourdain de l'Isle, seigneur de Montgaillard, propriétaire des terrains. Ce dernier donna à la nouvelle ville le nom de Vianne pour rappeler le prénom de sa tante, de Gontaud Biron, dont il avait hérité. Il fit ainsi preuve d'une grande originalité, car c'est la seule bastide qui rappelle un personnage féminin. Il semble par ailleurs que la nouvelle fondation ait été effectuée en vue de concurrencer Lavardac, créée non loin de là quelques années auparavant par Alphonse de Poitiers.

La population qui vint vivre dans la bastide était essentiellement agricole. Le roi d'Angleterre et Jourdain de l'Isle partageaient les revenus à parts égales, mais le roi se réservait la haute justice et était donc le seul à pouvoir prononcer les peines capitales. En revanche, il partageait la moyenne et basse justice avec Jourdain de l'Isle. Tous deux avaient un bayle qui les représentait auprès de la population. Ils s'efforcèrent de développer les activités commerciales et prirent des dispositions pour relier la bastide avec les grandes agglomérations des alentours. C'est ainsi

Une des principales portes de la bastide de Vianne.

Vianne, bastide rectangulaire, encore entourée de murailles (photo Philippe Laplace.)

Les portes de Vianne étaient surmontées de plusieurs niveaux où pouvait s'abriter une petite garnison.

qu'en 1291, ils firent ouvrir un chemin qui menait jusqu'à Nérac.

Vianne traversa des périodes difficiles au cours des différents conflits qui se sont succédé. Lors de la guerre de Gascogne en 1297, elle fut assiégée par les Anglais. Le seigneur de Montcassin, qui en assurait la défense, repoussa plusieurs assauts, mais fut mortellement blessé. La nouvelle de sa mort s'étant répandue chez les ennemis, ceux-ci revinrent à la charge, espérant bien remporter la victoire. Les habitants utilisèrent alors un stratagème : ils hissèrent le cadavre de leur chef, équipé de ses armes, sur les créneaux. Une peur panique s'empara des Anglais qui levèrent le siège. Les Anglais réoccupèrent Vianne toutefois un peu plus tard, et en 1317 la ville obtint avec plusieurs autres en reconnaissance de sa fidélité et de ses services le privilège d'être annexée à la couronne anglaise. Plus tard, durant la guerre de Cent Ans, la bastide changea plusieurs fois de mains, revenant successivement aux Anglais et aux Français, et en 1360, le roi de France la donna même au comte d'Armagnac. À la fin de la guerre de Cent Ans, la situation se stabilisa et la bastide redevint à tout jamais française.

Aujourd'hui, Vianne est un village de près de mille trois cents habitants, qui a su conserver d'imposants vestiges de son passé et qui porte toujours fièrement son titre de bastide. Elle maintient sa vocation agricole avec ses vergers, ses cultures maraîchères et ses vins de Buzet, mais elle est aussi, avec ses verreries, devenue un petit centre industriel. Sa situation au bord de la Baïse en fait par ailleurs un centre de tourisme fluvial. Elle s'anime tout particulièrement pour certaines festivités, en particulier à l'occasion de sa fête communale du dernier dimanche de juillet ou pour sa foire de la Saint-Jean du 26 novembre.

Villeneuve-sur-Lot

Villeneuve s'étale largement sur les deux rives du Lot, dans une riche vallée alluviale qui produit en abondance des fruits et des primeurs. C'est l'une des plus vastes et des plus puissantes bastides du Sud-Ouest et son passé est riche en événements.

Au Moyen Âge, à trois kilomètres au sud de son emplacement, le village de Pujols, perché sur une colline et considéré comme un repère d'albigeois, avait été très éprouvé par la guerre et ce qui en restait était condamné à disparaître. Alors, en 1264, les villageois, sous la houlette de l'abbé d'Eysses, un proche voisin, demandèrent au sénéchal d'Agenais, Philippe de Ville-Favereuse, l'autorisation de construire une nouvelle cité dans la plaine, sur les bords du Lot, au lieu-dit l'Aubespin. Ils offrirent à Alphonse de Poitiers de lui céder les terrains nécessaires qui relevaient de la baronnie de Pujols et promirent de lui abandonner diverses redevances telles que les péages sur le fleuve, les droits de justice, de boucherie et de four. Le comte de Toulouse accepta l'offre et leur donna satisfaction. L'espace prévu pour le nouveau village était de l'ordre de vingt-cinq à trente hectares et témoignait bien d'un grand dessein de la part du fondateur. Des familles entières descendirent de Pujols. Transportant souvent sur leurs charrettes les matériaux de leurs anciennes maisons, ils se mirent à l'ouvrage pour défricher le terrain et bâtir leurs nouvelles habitations. La construction s'effectua assez rapidement et deux quartiers naquirent progressivement de part et d'autre du fleuve : le quartier de la rive

La porte de Paris à Villeneuve-sur-Lot.

CI-CONTRE
Vianne. L'église qui date du XIIe siècle existait déjà avant la fondation de la bastide.

droite qui avait épousé la forme d'un rectangle de cinq cents mètres sur trois cent cinquante était traversé par six rues principales et représentait le cœur de la cité ; celui de la rive gauche, moins bien ordonnancé, se présentait comme un faubourg au contour circulaire, mais au plan beaucoup plus irrégulier.

L'ensemble figurait sur les livres de comptes du fondateur sous le nom de « Villeneuve de Poujol », et en 1266 la bastide paraissait terminée. C'est alors qu'Alphonse de Poitiers lui accorda sa première charte de coutumes où les droits et les devoirs des habitants étaient consignés dans quarante-six articles. Les nouveaux habitants devaient certes payer un cens annuel pour les terrains qui leur avaient été concédés, mais ils n'étaient plus soumis à certaines autres redevances telles que la quête. Ils étaient d'ailleurs automatiquement affranchis en venant s'installer dans la bastide et ils bénéficiaient d'une justice équitable. Six d'entre eux étaient désignés comme consuls et participaient à ce titre à l'administration de la cité.

À l'origine, il n'existait pas de passage entre les deux quartiers. Ce n'est que vers 1282-1285, lorsque la ville, dénommée alors « Villeneuve d'Agenois », fut sous domination anglaise, que sous l'instigation d'Édouard Ier, un pont fortifié fut construit et assura la liaison entre les deux parties. Dès lors, la ville, favorisée par ce nouvel ouvrage, se développa fortement. Elle avait de nombreux atouts économiques, notamment son artisanat, sa batellerie et son commerce.

Comme bien des villes de l'Agenais, elle traversa les siècles tant bien que mal malgré les différents conflits qui se succédaient. Juste au début la guerre de Cent Ans, en 1337, le connétable Raoul de Guyenne s'empara de Villeneuve pour le roi de France Philippe VI. Un peu plus tard, en 1345, les Anglais essayèrent de reprendre la bastide, mais elle résista à leurs assauts.

Au XVe siècle, elle était déjà considérée comme une ville importante, et en 1463 les cours de justice et le chapitre d'Agen, chassés par une maladie épidémique, vinrent s'y installer. Elle était aussi devenue un grand centre commercial pour les vins de Cahors et de l'Agenais.

Durant les guerres de Religion, l'importante communauté protestante implantée dans Villeneuve attira plusieurs fois les foudres de Monluc. En 1562, plusieurs calvinistes furent pendus et le chef des armées catholiques resta quelques jours dans la cité vers 1268. Il mit ensuite en place un de ses subordonnés pour commander la garnison. Enfin, en 1585, la ville résista à un siège mené par la reine de Navarre grâce à l'action opiniâtre des Cieutat, seigneurs de Pujols.

Pendant la Fronde, Villeneuve connut aussi des moments difficiles. Elle prit le parti de Condé et suscita la colère du cardinal Mazarin. Les troupes royales aux ordres d'Harcourt l'assiégèrent en 1652, mais elle résista à tous les assauts. L'année suivante, le roi demanda au duc de Candale de traiter avec sévérité la cité rebelle. La place fut alors démantelée, les murailles furent découronnées et les tours, à l'exception de celles de Pujols et de Paris, furent à demi rasées.

Elle connut ensuite des événements plus favorables. À partir de 1662, en particulier, Colbert s'attacha à perfectionner la navigation sur le Lot et ouvrit de nouveaux horizons au commerce villeneuvois. L'économie locale se développa fortement et enfin, en 1790, Villeneuve devint un des neuf chefs-lieux de district du Lot-et-Garonne

Certes, depuis le XVIIIe siècle, la physionomie de la bastide s'est légèrement modifiée : les fossés qui précédaient les fortifications ont été comblés et transformés en promenades et les boulevards ont pris dorénavant la place des anciens remparts. Les faubourgs se sont fortement développés, mais Villeneuve-sur-Lot a conservé quelques beaux vestiges de son passé médiéval. Deux portes en parfait état, la porte de Paris et celle de Pujols, sont toujours présentes. Situées aux deux extrémités de l'agglomération et à sept cents mètres de distance l'une de l'autre, elles dominent nettement la cité. Hautes de trente mètres et construites en pierre et en brique, elles sont coiffées d'une toiture à quatre pans et couronnées de créneaux et de mâchicoulis. L'entrée s'y effectuait par un escalier en pierre et on trouvait à l'intérieur une salle réservée au corps de garde, ainsi qu'une prison. Le vieux pont aux arches inégales, construit au XIIIe siècle, offre toujours une vue pittoresque sur les bords du Lot et sur la chapelle Notre-Dame-du-Bout-du-Pont. La place Lafayette, de forme carrée, a toujours ses cornières sur ses quatre côtés et retrouve sa pleine animation les jours de marché. Les rues adjacentes recèlent quelques vieilles maisons à colombages artistiquement rénovées. L'ancienne église, située à proximité de la place, a disparu, mais a été remplacée au début du siècle par l'imposante église Sainte-Catherine en briques et de style romano-byzantin. Son orientation nord-sud est toutefois assez inhabituelle pour un édifice religieux.

Aujourd'hui, la bastide d'Alphonse de Poitiers a bien tenu ses promesses. C'est l'une des sous-préfectures du Lot-et-Garonne et pratiquement la deuxième ville de l'Agenais. Cité très vivante, elle a su par ailleurs conserver sa vocation commerciale et son rôle de marché.

CI-CONTRE

Le vieux pont de Villeneuve-sur-Lot, édifié de 1282 à 1289, permit de relier les deux parties de la bastide disposées de part et d'autre du Lot.

TEINTUR

Villeréal

Villeréal évoque une fondation royale dès que l'on prononce son nom. Elle suscite aussitôt une curiosité très justifiée et la visite de la bastide répond vite aux premières attentes : en pénétrant à l'intérieur, on est émerveillé par le caractère imposant de la vieille halle. Celle-ci trône sur la place, occupe la majeure partie de l'espace et nous révèle encore aujourd'hui le rôle important qu'elle jouait au Moyen Âge lors des foires et des marchés. Supportée par de robustes piliers en bois, elle est dotée de vieilles poutres en chêne dont certaines sont d'une étonnante longueur, de l'ordre de quinze mètres. La vieille construction aux murs de torchis qui la surmonte était la maison communale. C'est là que se prenaient les grandes décisions sur l'administration de la cité.

Tout autour, demeurent quelques arcades et plusieurs maisons pittoresques à colombages. Dans un angle, on aperçoit l'église qui domine le village. Imposante, elle aussi, elle est soutenue par d'épais contreforts et dévoile une façade qu'encadrent deux tourelles carrées reliées par un chemin de ronde. Son aspect fortifié ne passe guère inaperçu et l'on n'est guère surpris quand on apprend qu'elle servait de refuge aux habitants durant les périodes d'insécurité.

Il faut dire qu'au Moyen Âge la région n'était pas très sûre, et c'est en partie pour protéger la population des bandes de pillards sévissant dans le Haut-Agenais qu'Alphonse de Poitiers créa Villeréal en 1267. En même temps, il marquait ainsi à Castillonnès la limite des possessions françaises face à la domination anglaise en Périgord. Les terrains appartenaient à l'abbé d'Aurillac et à Gaston de Gontaut-Biron, et un contrat de paréage fut signé entre le représentant du roi et ces deux grands personnages. La juridiction de la bastide s'étendit rapidement à de nouvelles paroisses détachées du district de Monflanquin et l'administration de la cité se mit en place. Six consuls devaient être nommés tous les ans. En 1289, Alphonse de Poitiers accorda une charte de coutumes aux habitants : de nombreux avantages leur étaient consentis, notamment la liberté civile, mais ils étaient aussi soumis à quelques obligations telles que l'interdiction de jeter des ordures dans la rue. Ils étaient par ailleurs protégés par les murailles qui couraient autour de la bastide et qui étaient flanquées de huit tours.

Les débuts toutefois ne furent pas toujours faciles et quelques incidents intervinrent avec les Anglais. Ce fut le cas par exemple en 1293 lorsque Philippe le Bel se plaignit auprès d'Édouard Ier de la mutilation d'un des sergents de Villeréal.

Puis la ville passa sous domination anglaise en 1317 ; elle se trouva alors officiellement entre les mains d'Édouard II avec dix-neuf autres fondations. Redevenue française un peu plus tard, elle fut un moment occupée par le comte de Derby et redevint à nouveau anglaise à l'occasion du traité de Bourges de 1412. Elle retrouva toutefois définitivement la France à la fin de la guerre de Cent Ans. Un peu plus tard, les guerres de Religion lui apportèrent quelques déprédations : la ville fut incendiée et la voûte de l'église détruite. Elle eut encore à souffrir de la Fronde et du passage de troupes à la fin du XVIIe siècle.

Aujourd'hui, Villeréal est un agréable chef-lieu de canton de la vallée du Drot. Elle arbore toujours avec fierté sa qualité de bastide et entretient avec bonheur les restes architecturaux de son passé. Sa spécificité rurale s'est par ailleurs maintenue. On y cultive des céréales, des vignes et des prunes. Les marchés y sont fréquents et celui du vendredi est particulièrement réputé. Le village est aussi devenu une cité du cheval. Les élevages y sont nombreux. Une station de haras moderne s'y est installée. L'hippodrome est chaque année le théâtre de six courses qui bénéficient d'une bonne réputation dans le monde équestre.

La magnifique halle de Villeréal est dotée de poutres d'une très grande portée.

CI-CONTRE

L'église fortifiée de Villeréal a servi de refuge à la population en période d'insécurité.

Dordogne

Domme

Perchée sur un promontoire rocailleux, Domme règne sur l'harmonieuse vallée de la Dordogne et sur le Périgord Noir. Sa position dominante lui a conféré de grandes qualités stratégiques et a toujours fait bien des envieux. Place forte redoutable au cours des siècles passés, elle s'est aussi singularisée par sa forme trapézoïdale, relativement rare dans les autres fondations, mais adoptée ici en raison des nécessités du terrain.

Pour juger de près de l'intérêt de cette bastide, il est bon d'entamer la visite en effectuant le tour de ses remparts. Ceux-ci ont certes été fortement dégradés, mais leurs nombreux vestiges ont encore fière allure. Trois portes en constituent encore les éléments essentiels : l'ancienne entrée ouest, la porte Del Bos, tracée en arc brisé, est toujours présente et porte les rainures de sa herse. La porte de la Combe, aux teintes ocre, qui se situe à proximité d'une source où les femmes allaient autrefois s'approvisionner, communique avec le centre de la bastide par une longue voie rectiligne. Quant à la porte des Tours, du XIIIe siècle, elle est beaucoup moins discrète et surprend par son caractère imposant. Défendue par une échauguette dont on aperçoit le mâchicoulis, elle est entourée de deux demi-tours à bossages qui ont servi non seulement pour abriter un corps de garde, mais aussi en tant que geôle pour héberger des prisonniers. Elle était autrefois protégée par un pont-levis et une herse.

À l'intérieur, le village dévoile dans ses rues et ses ruelles de vieilles maisons en pierre pleines de charme. La place de la halle abrite plusieurs belles bâtisses : la maison des Gouverneurs, du XVIe siècle, flanquée d'une jolie tourelle, une magnifique halle dotée d'un balcon en bois, datant du XVIIIe, et la massive église à l'aspect fortifié qui a dû subir au cours des ans de nombreux remaniements. Enfin, tout à côté de l'édifice religieux qui domine le village, la terrasse de la Barre offre une splendide vue sur la vallée et les coteaux environnants.

L'histoire de Domme a été particulièrement mouvementée. Les terrains sur lesquels se trouve la bastide appartenaient à l'origine à Guillaume de Domme, vassal de l'évêque de Sarlat. Un château appartenant à Amalvin Bonafos et à Bertrand de Gourdon était déjà implanté à son extrémité ouest avant 1280. Le roi de France Philippe III le Hardi, qui semblait apprécier la position dominante de ces lieux, décida d'y fonder un nouveau village et de renforcer ainsi le dispositif français aux limites du Périgord et du Quercy. Il acquit les diverses parcelles auprès des propriétaires et chargea aussitôt le sénéchal de Normandie de tracer la bastide.

L'opération de construction fut ici beaucoup plus complexe que dans la majorité des autres fondations. Il fallait en effet s'adapter au site constitué par un vaste plateau dominant la vallée de la Dordogne par un à-pic et présentant un sol rocailleux. Les travaux s'effectuèrent toutefois en quelques années, mais il fallut attendre la fin du XIIIe siècle pour que les fortifications soient terminées.

La charte de coutumes qui fut attribuée aux habitants en 1283 leur accordait de nombreux avantages : ils étaient exempts de taille et d'emprunts et avaient notamment le droit de disposer de leur propre four ainsi que de leur propre moulin. Les échanges dans la cité étaient facilités par l'utilisation d'une monnaie locale, faite de cuir noir, qui s'appelait l'obsidionale. La justice se montrait très sévère vis-à-vis des criminels et des voleurs, et garantissait ainsi la sécurité de la population. Les coupables étaient souvent attachés à une roue sur la place de la « Rode » avant que le bourreau leur brise les membres avec une barre de fer.

Domme prit rapidement son essor sous le nom de « Mont de Domme » et son importance économique se développa. Ses échanges vers l'extérieur furent facilités dès 1310 par la construction d'un pont en bois sur la Dordogne. Malheureusement, elle subit ensuite pendant près de trois siècles les méfaits de conflits successifs.

Durant la guerre de Cent Ans, tout d'abord, elle chan-

CI-CONTRE

Vue aérienne de Domme (photo Michel Bernard).

Domme. Façade de l'église ; panorama depuis la terrasse de la Barre ; la porte des Tours.

gea de mains à de nombreuses reprises. Enlevée par les Anglais en 1346 à la suite d'une trahison, elle revint aux Français l'année suivante et le sénéchal de Périgord fit pendre les traîtres. Elle fut reprise par les troupes du roi d'Angleterre en 1360 et retourna dans le giron de la France en 1383. Naviguant entre les deux partis, le seigneur Gilbert de Domme avait essayé de s'emparer de Sarlat pour son propre compte. Les débuts de ce premier conflit eurent des conséquences très fâcheuses pour la bastide. De nombreux habitants périrent au cours d'escarmouches et beaucoup d'autres, fuyant l'insécurité, quittèrent le village. La population subit une chute brutale : de près de mille âmes, elle retomba à une centaine en 1415. La situation devint tellement critique que le sénéchal du Périgord dut brandir des menaces pour éviter de nouveaux départs. La fin de la guerre fut encore mouvementée. En 1417, la ville fut livrée aux Anglais par le gouverneur de la cité, Bertrand d'Abzac de Montastruc, et vécut encore quelques péripéties, mais en 1438 elle redevint à tout jamais française.

Au cours des guerres de Religion, la bastide, dont la population était en majorité catholique, fut dès 1572 soumise aux assauts des protestants. Le capitaine Geoffroy de Vivans, qui s'était juré de s'en emparer, échoua par deux fois dans ses tentatives, malgré les connivences dont il bénéficiait au sein du village. Un peu plus tard, en 1588, la chance lui sourit alors qu'il menait une audacieuse entreprise. Après avoir jeté des manteaux au pied de la falaise pour atténuer les bruits, il fit grimper le long de la paroi quelques soldats doués pour l'escalade. Ceux-ci parvinrent à pénétrer discrètement dans le village, ouvrirent la porte des Tours et le capitaine protestant effectua son entrée dans la ville en faisant battre les tambours et résonner les trompettes. Les habitants, surpris dans leur sommeil, n'eurent pas le temps de réagir et le maréchal de Biron ne réussit pas non plus à reprendre la bastide. Cet épisode ne se déroula toutefois pas sans dommage. Le capitaine de Vivans fit raser l'église et le couvent Saint-Augustin en 1590.

Un peu plus tard, en 1594 tout d'abord, puis en 1637, la ville fut touchée par les insurrections paysannes et de nombreux Dommois furent à deux reprises impliqués dans la révolte des croquants. Les années qui suivirent furent un peu moins mouvementées.

Aujourd'hui, Domme, que certains appellent « l'acropole du Périgord Noir », attire de nombreux touristes. Nombreux sont ceux qui viennent admirer les beaux vestiges du Moyen Âge et les splendides couleurs ocre de ses maisons. La bastide recèle même maintenant de nouveaux centres d'intérêt avec ses grottes, son ascenseur panoramique et son musée des Arts et Traditions populaires. Elle s'efforce aussi de faire revivre les coutumes régionales avec sa « félibrée » et son festival d'été.

CI-CONTRE

Érigée à la fin du XIIIe siècle, la porte des Tours était l'un des principaux accès de la bastide de Domme.

La place de Monpazier.

Les maisons de la place de Monpazier présentent toutes des façades différentes.

Les mesures à grains sous la halle de Monpazier.

Monpazier

Née sur une colline au-dessus du Drot, Monpazier est à juste titre considérée comme l'archétype des bastides.

La régularité de son tracé géométrique impressionne généralement le visiteur. Elle se présente en effet sous la forme d'un rectangle parfait de quatre cents mètres sur deux cent vingt, dans lequel rues charretières et traversières s'entrecroisent en formant un magnifique damier. Une partie des remparts qui ceinturaient la ville a été conservée ; trois des six portes d'origine subsistent et nous laissent imaginer ce qu'étaient autrefois les fortifications. Mais c'est surtout la place, située en plein centre du village, qui est le vrai joyau de la bastide. Elle a parfaitement conservé son aspect moyenâgeux et nous ramène tout naturellement quelques siècles en arrière.

De forme carrée de quarante-cinq mètres de côté, elle est ornée de maisons de pierre, pleines de charme, qui ont su garder leur authenticité. Elles ont toutes les mêmes dimensions, mais en fait elles sont différentes. Les arcades du rez-de-chaussée, les fenêtres et même les toits n'offrent pas le même aspect ; tout est diversité, et pourtant l'ensemble est du plus bel effet. Entre les habitations, on distingue souvent des andrones, espaces réduits prévus à l'origine pour éviter la propagation des incendies. Le puits qui permettait le ravitaillement en eau des premiers habitants de la bastide est toujours présent dans un des angles. Presque à l'opposé, la halle occupe la partie sud. Sa charpente du XVIe siècle a été construite en bois de châtaignier, réputé imputrescible et peu attaqué par les insectes prédateurs. La toiture est supportée par des piliers en bois et en dessous, on peut admirer de vieilles mesures à grain, métalliques et de capacités différentes qui étaient utilisées au cours des foires et des marchés. Légèrement en retrait, dans le coin nord-est de la place, l'église Saint-Dominique dévoile son vieux portail en arc de plein cintre doté d'une frise. Au-dessus la période révolutionnaire a laissé ses traces avec cette curieuse inscription : « Le peuple français reconnaît l'existence de l'être suprême et de l'immortalité de l'âme. » À l'intérieur, la nef du XIVe siècle est composée de quatre voûtes d'ogives. À proximité de l'édifice religieux se trouve une imposante bâtisse de trois étages dont la partie supérieure est éclairée par des fenêtres géminées. C'était autrefois la grange aux dîmes où l'on entreposait les parts de récoltes fournies au titre des redevances.

Monpazier est née à l'ombre du château de Biron. Non loin de là et depuis 1279, Monflanquin, fondée par Alphonse de Poitiers, était devenue possession anglaise et le sénéchal d'Édouard Ier, Jean de Grailly, y séjournait souvent. Un jour, en 1283, le baron Pierre de Gontaut vint le voir et lui proposa de lui céder le mont Pasérii, situé audessus du Drot pour y construire une bastide. Le site était attrayant et offrait des avantages stratégiques. Il commandait en particulier la route reliant l'Agenais aux rives de la Dordogne.

CI-CONTRE

Monpazier se présente sous l'aspect d'un rectangle parfait de 400 mètres sur 220, disposant d'une place centrale et de rues rectilignes se coupant à angle droit (photo Michel Bernard).

La place de Monpazier, ses couverts et la halle aux grains, dont on voit ici (à droite) une partie, donnaient lieu à de nombreuses opérations commerciales.

Le roi d'Angleterre Édouard Ier fut séduit par cette proposition et signa un contrat de paréage le 7 janvier 1284 avec Pierre de Gontaut Biron. Le roi se réservait la haute justice, mais les revenus des impositions (cens, droits de leude…) étaient partagés à parts égales entre les deux signataires du contrat. Le premier bayle, Bertrand de Panissols, fut chargé de diriger les travaux et une charte de privilèges fut accordée aux habitants en 1284. De nombreux avantages leur étaient consentis. Ils n'avaient plus à payer certaines redevances telles que la taille, les oublies et les accaptes, et ils pouvaient désormais disposer librement de leurs biens.

Après une intense action de défrichage, le tracé de la bastide fut dessiné sur le terrain et les nouveaux habitants ne tardèrent pas à se mettre à l'ouvrage. Les premières constructions sortirent alors de terre et les fortifications furent entamées. En même temps, l'administration de la commune se mit en place et six consuls, choisis parmi les artisans, furent nommés le 2 février, le jour de la purification de la Vierge. Ils avaient pour mission d'administrer la bastide avec le bayle et devaient en particulier faire respecter la charte de coutumes qui venait d'être établie.

Les débuts du nouveau village ne furent pas toujours faciles. L'année 1286 en particulier fut marquée par une grande sécheresse ; l'eau vint à manquer et les ruisseaux se tarirent. Alors, le 15 août, décidant d'implorer le Ciel, les habitants dans un grand élan de foi chrétienne, effectuèrent un pèlerinage jusqu'à Capdrot. Ils récitèrent des prières tout en se relayant pour porter la statue de la Vierge noire et peu de temps après, la pluie finit par tomber.

Puis, au cours des années suivantes, le roi Édouard Ier, dut intervenir à deux reprises. De nombreux emplacements n'étaient pas encore occupés et il lui fallut brandir des menaces auprès de ceux qui s'étaient engagés à construire et qui ne le faisaient pas. Son intervention finit par produire ses effets. De même, constatant que les tra-

vaux de fortifications n'étaient pas très avancés, il fit admonester les consuls en 1289 et les murailles de la bastide, ainsi que leurs portes, virent enfin le jour.

D'autres difficultés survinrent par la suite. Les terrains retenus au départ pour la bastide se révélaient insuffisants. D'autres parcelles étaient nécessaires et celles qui semblaient convenir dépendaient du seigneur de Montferrand. Mais elles étaient convoitées par les bastides voisines de Beaumont et de Molières, et la concurrence était rude. L'affaire finit toutefois par s'arranger et la juridiction de Monpazier s'étendit aux paroisses de Capdrot, Marsalès, Gaugeac, Lavalade et Saint-Cassien.

Désormais, la bastide put se développer normalement et elle connut une certaine prospérité. Elle s'animait tout particulièrement les jeudis, jours de marché et lors des foires des 1er mai, 6 août et 18 novembre qui attiraient beaucoup de gens extérieurs au village.

À la fin du XIIIe siècle, Monpazier passa sans trop de problèmes, comme tout le Périgord méridional, aux mains des Français après que Philippe le Bel eut en 1294 fait confisquer le duché d'Aquitaine. Mais les décennies suivantes furent plus agitées. En 1316, la bastide redevint anglaise et ne cessa durant la guerre de Cent Ans de changer de mains entre les Capétiens et les Plantagenêts. La peste noire de 1350 fit aussi des ravages et les familles touchées furent nombreuses.

Durant les guerres de Religion, la ville connut aussi quelques désordres et, le 21 juin 1574, elle fut livrée à la suite d'une trahison au chef huguenot Geoffroy de Vivans qui y établit un ministre protestant.

Après ces deux grands conflits, Monpazier connut encore quelques épisodes mouvementés. Elle vécut en particulier la révolte des croquants. En 1594, des centaines d'insurgés s'y réunirent ainsi que dans les forêts avoisinantes. Plus tard, en 1637, un célèbre chef de bande, Buffarot, tisserand de Capdrot, qui avait semé la terreur dans les châteaux des environs, à la tête de milliers d'hommes, fut jugé et écartelé un jour de foire sur la place publique.

Aujourd'hui, Monpazier demeure aux yeux de tous la bastide modèle. La perfection de son plan, la beauté de sa place et le bon état de conservation de ses constructions médiévales en font un ensemble des plus harmonieux. Les touristes affluent à la belle saison pour venir la visiter. Elle s'anime alors à l'occasion de reconstitutions historiques, de représentations théâtrales ou de concerts. Mais elle sait aussi garder sa spécificité rurale. Ses marchés, qui se déroulent à l'ombre des couverts et où l'on voit apparaître les bons produits du Périgord, sont très appréciés.

En 1991, Monpazier a été élevée par les pouvoirs publics au rang de Grand Site national. Trente-deux de ses immeubles chargés d'histoire ont été classés monuments historiques.

Androne de Villefranche-de-Périgord.

Villefranche-de-Périgord

Implantée aux confins du Quercy et de l'Agenais, et entourée de belles forêts de chênes, de pins et de châtaigniers, Villefranche-du-Périgord offre de larges vues sur la Lémance. C'est aussi la plus vieille bastide de la région, dans laquelle subsistent encore de très belles constructions de l'époque médiévale.

Elle fut créée en 1261 par le comte de Toulouse, Alphonse de Poitiers, bien secondé par le sénéchal d'Agenais Guillaume de Bagnols et portait au début le nom de Villefranche-de-Belvès. Érigée en châtellenie elle se trouva très vite à la tête de six paroisses: Loubéjac, Mazeyrolles, Saint-Caprais, Saint-Étienne, Saint-Sernin et Villefranche. Puis elle continua encore à s'agrandir et sa juridiction s'étendit par la suite à quatre autres paroisses. En 1365, sa population était d'une bonne moyenne et comprenait déjà cent quatre-vingt-onze feux.

Si l'implantation de Villefranche répondait vraisemblablement à des mobiles politiques dans cette période où le Périgord était une zone frontière entre les Capétiens et les Plantagenêts, les desseins économiques du fondateur n'en étaient pas moins évidents. La bastide fut d'ailleurs affermée avec cinq autres fondations au maire de Londres, Henri le Gallois, pour cent soixante-dix livres sterling par an.

La vie des habitants de Villefranche fut par la suite souvent perturbée, à l'image de ce qui se passait un peu partout dans la région. Au cours de la guerre de Cent Ans, elle devint un objet de convoitise pour les deux camps. Le Prince Noir l'occupa et en brûla une partie. Puis, un peu plus tard, les Français la reprirent, mais les forces anglaises du comte de Derby s'emparèrent à nouveau de la bastide, relevèrent portes et murs qui avaient été gravement endommagés et la remirent en état. Durant les guerres de Religion, le village connut aussi les heurts entre catholiques et protestants. Monluc a raconté dans ses *Commentaires* qu'il était monté à l'assaut de cette ville en 1576, mais qu'il n'avait pas eu la partie facile. Subissant le choc des piques et des hallebardes, il y fut renversé dans un fossé et serait resté bloqué dans la boue si son valet de chambre n'était pas venu lui prêter main forte.

Aujourd'hui, Villefranche-de-Périgord, qui est devenue un chef-lieu de canton de la Dordogne, a perdu ses portes et ses murailles. Elles ont été détruites au XVIIIe siècle sur l'ordre de l'intendant Tourny qui cherchait à aérer les villes et les villages. Quelques beaux vestiges de l'époque médiévale demeurent toutefois, notamment sur la place. De vieilles maisons de pierre aux teintes ocre ont gardé leurs couverts et les andrones qui les séparent sont encore apparentes. Au centre, une imposante halle dotée de piliers cylindriques en pierre et d'une magnifique charpente de bois occupe une grande partie de l'espace. On peut y admirer de vieilles mesures à grains de différentes tailles utilisées autrefois les jours de foires et de marchés. Les rues adjacentes recèlent quelques maisons anciennes pleines de charme et l'une d'entre elles se signale par sa tourelle.

La vieille bastide ne renierait pas les activités actuelles du village tournées vers l'agriculture. Une maison du Châtaignier, des Marrons et des Champignons y a été créée. Un sentier de nature et de découverte de l'environnement a été tracé à la sortie de l'agglomération en direction de Puy-l'Évêque. Les fermes des environs produisent du tabac, des noix, des truffes; on y élève aussi des oies et des canards gras.

CI-CONTRE
La halle de Villefranche-de-Périgord et ses mesures à grains.

Pyrénées-Atlantiques et Hautes-Pyrénées

Labastide-Clairence (Pyrénées-Atlantiques)

Située en bordure d'une voie moderne, l'autoroute Toulouse-Bayonne, Labastide-Clairence n'en est pas moins l'une des bastides les plus originales et cela à plusieurs titres.

C'est tout d'abord, avec Ainhoa, l'une des rares fondations médiévales du Pays basque. Et c'est aussi un cas architectural particulier : elle demeure un exemple très évocateur de ce que l'on appelle encore aujourd'hui une bastide rue. D'un plan moins élaboré que beaucoup d'autres bastides, elle se signale par la simplicité de son ordonnancement. Elle est en effet dotée d'un axe longitudinal unique constitué par la rue principale, celle-ci jouant en même temps le rôle de voie de grande circulation en direction des Pyrénées. L'existence d'une seule artère importante n'a pas fait obstacle à la création d'une place. Cet espace central n'est en fait qu'une excroissance de la rue, mais, agrémenté de nombreuses arcades, il n'est pas dénué de qualités esthétiques. Entre deux maisons, on peut remarquer une androne, vestige du passé, qui permettait autrefois de limiter la propagation des incendies.

Des rues secondaires ont pris naissance à partir de l'axe principal. Les maisons, de type basque, présentent des façades souvent ornées de colombages et dotées d'encorbellements. Quant à l'église, légèrement en retrait, elle demeure remarquable par son porche roman et est entourée d'un préau pavé de pierres funéraires.

Dans les Pyrénées-Atlantiques, Labastide-Clairence se singularise aussi par les conditions de sa création. Elle a été fondée vers 1312 par Louis le Hutin à l'extrémité septentrionale du royaume de Navarre et c'est la seule fondation de la région à tirer son origine de la royauté. Toutes les autres ont vu le jour grâce à une intervention des comtes de Foix-Béarn qui s'efforçaient de lutter contre les ambitions des rois de France et d'Angleterre. Certains prétendent d'ailleurs que Labastide-Clairence est née pour riposter contre la bastide anglaise de Hastingues.

À peine sorti de terre, le nouveau village a rapidement pris son essor, administré par un bayle et quatre jurats qui représentaient dignement la population ; il a été doté d'un moulin et l'église a été construite quelques années après. Au début, les rapports avec les voisins étaient assez agités et des différends s'élevèrent au sujet de l'usage d'une forêt, mais ces difficultés s'aplanirent assez vite. En 1343, la bastide semblait déjà prospère : trois cents familles s'y étaient installées. Le roi de Navarre les avait exemptées de certaines redevances. Les hommes étaient toutefois soumis à des obligations militaires ; ils devaient répondre à l'appel du roi dans les périodes de conflits, car la bastide devait le service de l'ost et de la chevauchée.

Les activités agricoles étaient nombreuses et employaient des paysans et des vignerons. De son côté, la vie commerciale et artisanale était très importante. De nombreux métiers étaient représentés dans le village. Certains étaient liés aux productions agricoles et surtout à l'élevage : c'était le cas du boucher, du maquignon, des bouviers, des mégissiers, des cordonniers et des bourreliers. Le tisserand et le fabricant de manteaux travaillaient le textile. Les maçons offraient leurs services pour les diverses constructions. Les forgerons (ils étaient douze), les fabricants de chandelles, les tourneurs étaient aussi présents. Trois merciers tenaient commerce dans le village. Les activités fluviales se pratiquaient : l'on trouvait un avironnier et un timonnier. Un saunier exploitait même des marais salants. Enfin, les professions libérales étaient aussi représentées avec le bayle, les notaires et le barbier-chirurgien.

Mais toutes les professions n'avaient pas la même rentabilité, il s'en fallait de beaucoup. Les revenus des familles différaient sensiblement et pouvaient s'étaler de un sol à une livre, ce qui représentait une énorme différence.

Si les débuts de la bastide parurent aisés, la seconde moitié du XIVe siècle fut marquée par une situation économique plus difficile. Charles le Mauvais en voyait d'ailleurs un signe évident en 1365 quand il constatait que les rentes qu'il recevait de Labastide-Clairence n'étaient plus que

CI-CONTRE

Labastide-Clairence offre un magnifique exemple de bastide-rue (photo Philippe Laplace).

de quarante sols alors qu'elles s'élevaient précédemment à huit livres. Les événements avaient amené beaucoup de familles à quitter le village. Il n'en restait plus que cent soixante-quinze en 1368 et certaines se rebellaient contre les autorités et refusaient de payer les impôts. Cet état d'esprit avait ses raisons : la population était touchée par de nombreuses calamités. Elle souffrait non seulement des dommages dus à la guerre de Cent Ans mais aussi de la peste et des famines et en 1387 la grêle vint à son tour ravager les cultures.

Les siècles suivants furent plus favorables à Labastide-Clairence malgré les nombreux conflits qu'elle traversa tant bien que mal. Au XVIe siècle, les juifs séfarades, qui avaient été expulsés d'Espagne en 1492 et du Portugal cinq ans plus tard, s'introduisirent dans le Sud-Ouest et formèrent quelques communautés dont une dans le village. Un peu plus tard, un cimetière réservé aux Israélites fut aménagé et l'on peut toujours actuellement constater sa présence. Au XVIIe siècle, la bastide eut sa période de célébrité lorsqu'elle devint le siège des états généraux de Navarre, et jusque vers 1700 le bourg était réputé pour ses foires et ses marchés. Mais il fut ensuite concurrencé par Hasparren.

Aujourd'hui, Labastide-Clairence est une cité de neuf cents habitants, qui récemment a vu son animation grandir avec l'arrivée de quelques artisans d'art. Elle est classée comme l'un des plus beaux villages de France au titre des bastides d'Aquitaine.

Trie-sur-Baïse (Hautes-Pyrénées)

Cette riante cité du Lannemezan, cernée par de nombreux coteaux, est sans doute la plus belle bastide des Hautes-Pyrénées.

Implantée dans le pays de Rivière-Verdun, elle a su conserver quelques restes significatifs de son passé médiéval. Parmi ceux-ci, le plus important est sans doute la grande place du marché, dite aussi « marcadale », ornée de maisons à arcades et abritant une halle imposante. Notre-Dame-des-Neiges, grande église du XVe siècle, domine ce vaste espace de son clocher-porche fortifié et haut de soixante mètres. Elle laisse entrevoir un beau portail de style gothique flamboyant. Par ailleurs, plusieurs éléments des fortifications ont pu être préservés. Une haute tour-porte enserrée au milieu des maisons, une tour carrée située un peu plus loin et une tour ronde d'enceinte nous permettent d'imaginer l'ampleur des anciennes murailles. Enfin, un peu éloignée du centre, la chapelle abbatiale des Carmes, du XIVe siècle, basse et faite de belles pierres, reste le plus ancien édifice religieux, même si les chapiteaux de son cloître ont été vendus à un musée de New York.

La bastide a été fondée en 1323 par le sénéchal Jean de Trie qui lui a donné son nom. Les terres sur lesquelles est né le nouveau village avaient auparavant peu de valeur ; c'étaient des lieux incultes, souvent constitués de marécages boisés et infestés de brigands qui volaient et tuaient les pèlerins ainsi que les marchands et les voyageurs. La sécurité des populations environnantes a été un des principaux soucis du sénéchal quand il a mené à bien l'opération. Les terres relevaient alors de plusieurs propriétaires tels que Bernard de Manas, seigneur de Montbardon et de Duffort, Géraud d'Esparros, seigneur de Puydarrieux, et Robert de Mauléon, abbé du couvent de l'Escaledieu. Ce dernier, qui éprouvait quelques difficultés à recruter des frères convers pour exploiter ses terres, trouva là une bonne occasion de résoudre ses problèmes. Jean de Trie passa avec ces divers personnages un acte de paréage précisant les conditions de l'opération. Le contrat prévoyait en particulier, à l'image de ce qui se passait dans la sénéchaussée de Toulouse, qu'un pieu devait être planté pour célébrer la naissance de la nouvelle bastide. Une communauté serait créée entre le roi et les trois propriétaires. Les revenus du nouveau village devaient être répartis entre eux à parts égales mais les signataires de l'acte laissaient prudemment quelques dépenses à la charge des habitants. C'était notamment le cas pour les monuments publics et les fortifications.

Ces diverses clauses furent appliquées et peu de temps après une charte de coutumes était établie. Elle était porteuse de bonnes nouvelles pour les futurs habitants. Une seule classe de citoyens, tous égaux et libres, était prévue. L'emplacement réservé pour chaque maison aurait vingt

À Trie-sur-Baïse, la chapelle des Carmes du XIVe siècle.

Trie-sur-Baïse. Le clocher de l'église Notre-Dame-des-Neiges.

La vieille tour-porte de Trie-sur-Baïse reste l'un des seuls vestiges des fortifications.

Autre vestige, la tour ronde de Trie-sur-Baïse.

et une rases de large sur soixante-trois (soit de l'ordre de neuf mètres sur dix-huit) et les nouveaux habitants devaient payer chaque année pour l'occuper un cens de six deniers. Le jardin potager, ou « cazalère », qui leur était attribué s'étendait sur environ cinq ares de terrain.

Parmi les avantages consentis, les familles étaient exemptées de certaines redevances telles que la taille, le droit de gîte, de prêt forcé ou l'impôt extraordinaire. Les maîtres de la bastide n'en retiraient pas moins d'amples revenus. En dehors du cens perçu chaque année à la fête de tous les saints, ils recevaient le produit des taxes prévues pour faire moudre le grain dans les moulins. Les habitants payaient également pour faire cuire leurs pains dans le four seigneurial ou bien pour utiliser leur propre installation. Les étrangers réglaient des droits de leude pour vendre leurs produits durant les marchés du mardi ou au cours des deux foires de l'année. Des amendes étaient également perçues pour le moindre délit.

La justice s'appliquait avec rigueur et les crimes étaient punis de la peine capitale. Certaines coutumes étaient toutefois teintées de machisme et les hommes de la bastide avaient le droit de battre leur femme en guise de correction. D'autres reflétaient encore l'insécurité qui régnait dans les alentours. C'est ainsi que les consuls employaient des « messiers », genres de fonctionnaires désignés pour surveiller les récoltes et limiter ainsi les méfaits du brigandage.

Au fil des années, le nouveau village, dont les terres étaient traversées par des voies de communication, prit son essor, tout comme les bastides voisines de Lannemezan et de Tournay, alors que d'autres, moins heureuses, telles que Saint-Luc, connaissaient des difficultés de peuplement. Trie devint très vite un marché agricole important et occupa une place de choix dans l'économie de la région.

Ses activités furent cependant troublées par plusieurs conflits où la Bigorre se trouva impliquée. Les guerres de Religion en particulier apportèrent des déprédations, ainsi que de nombreux troubles dans la bastide. En 1569, la ville fut incendiée et les soldats de l'armée huguenote détruisirent le monastère des Carmes. Rivalisant même de cruauté avec le maréchal de Monluc, Montgomery fit remplir un puits avec les corps des religieux qu'il avait fait massacrer. Il réserva par ailleurs un sort particulier au prieur qu'il fit pendre.

Par la suite, l'intégrité architecturale de la bastide n'a malheureusement pas toujours pu être respectée. Certains vestiges des bâtiments ont en effet été utilisés pour construire l'abbaye de Saint-Sever-de-Rustang.

Actuellement, Trie-sur-Baïse a conservé sa vocation agricole et ses marchés du mardi sont très fréquentés. On y vend des animaux élevés dans la région, en particulier des porcelets qui sont réputés dans toute la France. À l'occasion des foires annuelles « aux broutards », les paysans de la région font le commerce de jeunes moutons. Les volailles sont abondantes lors de la foire de Sainte-Luce et les amateurs de canards et d'oies peuvent satisfaire leurs envies de gastronomie. La bastide s'anime et revit aussi en cours d'année à l'occasion de manifestations culturelles telles que les nuits musicales.

Gers

Cologne

Située sur la frange orientale de l'Armagnac, à la limite de la Lomagne et de la Gascogne, Cologne est une élégante bastide où la pierre et la brique s'allient à la perfection pour le plus grand plaisir des yeux. C'est une véritable symphonie de couleurs qui nous attend sur la place. Plusieurs belles maisons présentent des façades aux teintes rouges où colombages et briques se mélangent agréablement. D'autres, faites de pierre et d'apparence plus robuste, exposent leur couleur ocre aux rayons du soleil. Les couverts qui ornent les quatre côtés ont été bien restaurés et invitent à la promenade. Au milieu, une halle du XIVe siècle est soutenue par quelques piliers de pierre entre lesquels s'intercalent de beaux supports en bois. Surmontée d'un beffroi à couverture en poivrière, elle abrite une cloche qui date de 1607. Enfin, une vieille mesure à grains en pierre, du XVe, est toujours présente et demeure un des rares témoins des marchés animés du Moyen Âge.

L'église de l'Assomption, nettement séparée de la place par un îlot d'habitations, semble avoir été autrefois incorporée dans les remparts. Bien que remaniée, elle a conservé quelques parties des murs d'origine, ainsi qu'un portail latéral du XIVe siècle. À l'intérieur, elle abrite un riche mobilier comprenant notamment un bel autel de style Louis XVI et une grande pietà de bois doré. Sa salle du trésor recèle également de très beaux objets liturgiques des XVIIe et XVIIIe siècles, des pièces d'orfèvrerie et des ornements sacerdotaux.

La fondation de Cologne remonte au 26 mars 1284. Le sénéchal de Toulouse, Eustache de Beaumarchais, passa ce jour-là au nom de Philippe III le Hardi un acte de paréage avec Otton de Terride, seigneur local, afin de créer la bastide. Dès sa naissance, le village s'appela « Sabolène » pour honorer une famille du même nom qui occupait un des premiers rangs de la noblesse régionale. Puis, un peu plus tard, elle prit son nom actuel, évoquant la grande ville allemande qu'elle cherchait sans doute à égaler.

CI-CONTRE

La halle de Cologne, surmontée de son beffroi, est l'un des monuments les plus caractéristiques de la bastide.

Mesure à grains disposée sous la halle de Cologne (photo Jacques Dubourg).

Une cérémonie de plantation du pal eut lieu pour officialiser la création de la bastide. Les débuts furent toutefois difficiles en raison de certaines contestations concernant la propriété des terrains. Jourdain de l'Isle prétendait en effet avoir des droits sur certains d'entre eux. Il y eut de nombreuses discussions et des procès, mais le seigneur contestataire ne parvint pas à obtenir satisfaction. Le roi de France et Otton de Terride restèrent les seuls maîtres des lieux.

La charte de coutumes délivrée à la bastide en 1287 accordait aux habitants de nombreuses libertés : beaucoup d'entre eux, qui jusque-là étaient de condition serve, furent affranchis et jouirent enfin du droit de propriété. Ils pouvaient vendre, donner, aliéner tous leurs biens meubles et immeubles comme ils l'entendaient. Ils étaient enfin maîtres de leur propre sort et de celui de leurs enfants. C'est ainsi qu'ils étaient à même de marier leurs filles selon leur bon désir et de faire de leurs fils des prêtres s'ils le désiraient. Ils étaient toutefois soumis aux rigueurs de la justice s'ils enfreignaient les lois. Des amendes leur

Cologne. Vieille maison à colombages.

Vue de l'intérieur de la halle de Fleurance.

Le portail de l'église de Fleurance est orné de voussures et encadré d'arcs aveugles.

étaient imposées s'ils jetaient des immondices dans la rue ou s'ils utilisaient de faux poids et de fausses mesures. Ceux qui étaient pris en flagrant délit d'adultère étaient passibles de peines plus lourdes ; ils devaient courir tout nus par les rues de la ville.

Eustache de Beaumarchais laissa sa marque sur le plan de la cité ; il donna en particulier à l'église un emplacement nettement séparé de la place et de l'administration communale, comme il le faisait d'ailleurs dans ses autres fondations.

Cologne fut une bastide de moyenne importance. Elle comprenait au XIVe siècle une communauté juive qui ne fut pas toujours bien acceptée. La population se mit à décroître progressivement et ne compta plus que cent trente-six familles en 1372. Durant la guerre de Cent Ans, le village resta longtemps fidèle au roi de France ; il passa néanmoins sous l'autorité anglaise au début du XVe, mais redevint français à la fin du conflit, de même que les autres agglomérations des alentours.

Aujourd'hui, Cologne a su conserver le charme de la vieille bastide et bénéficie de la visite de nombreux touristes à la belle saison. Elle sait aussi s'adapter au modernisme en menant de nouvelles activités telles que la fabrication de meubles, la mécanique et même la robotique.

Fleurance

Dressée sur une petite éminence au confluent du Gers et du ruisseau du Mercadet, entre Agen et Auch, Fleurance domine la campagne environnante.

Cette bastide fut créée en 1274 par le sénéchal de Toulouse, Eustache de Beaumarchais, au nom du roi de France, dans une période où la royauté française cherchait à contrebalancer l'influence des comtes d'Armagnac. Certains prétendent même que cette construction répondait au but inavoué de supplanter Lectoure, la vieille cité défensive des Lactorates.

Les terrains nécessaires se trouvaient sur les bords du ruisseau Saint-Laurent, à l'extrémité d'une forêt, et abritaient déjà un minuscule hameau, dénommé Aygueval, doté d'une église et de quelques pauvres masures. Ils appartenaient à Géraud de Cazaubon, comte de Gaure et seigneur de Saint-Puy, et aux moines de Bouillas. Eustache de Beaumarchais passa un acte de paréage avec les propriétaires et les travaux purent commencer. Mais l'emplacement prévu se situait en pleine zone forestière et il fallut longuement défricher pour fournir au nouveau village tout l'espace nécessaire. Les fondateurs avaient de grands desseins pour la nouvelle agglomération : ils n'hé-

CI-CONTRE
Le clocher de l'église de Fleurance.

sitèrent pas à lui donner le nom de Florence, la grande cité italienne de Toscane, et y firent préparer deux mille emplacements pour les habitations.

En 1278, Eustache de Beaumarchais dota la nouvelle bastide d'une charte de coutumes qui, comme dans toutes les nouvelles fondations, offrait aux habitants bien des avantages. Les Fleurantins étaient notamment exemptés du service de l'ost, de la chevauchée, ainsi que des fournitures obligatoires de blé, de vin et de victuailles. Quatre d'entre eux occupaient les fonctions de consuls et participaient avec le bayle à l'administration du village.

Mais l'environnement n'était pas toujours favorable et une certaine rivalité naquit très vite avec la ville de Lectoure. Quelques incidents éclatèrent même lorsque le roi abandonna à Fleurance des droits de pacage sur la forêt voisine du Ramier. Puis, les années qui suivirent amenèrent bien des changements. En 1279, la bastide fut, comme tout l'Agenais, cédée aux Anglais et n'eut d'ailleurs pas à s'en plaindre dans les premiers temps. En 1287, le roi d'Angleterre, Édouard Ier, accorda quelques nouvelles franchises à la population et l'exempta à nouveau des services militaires. Mais en même temps il retira de l'administration de la ville des revenus substantiels, de l'ordre de mille cinq cents livres, qui mettaient en lumière l'importance économique du nouveau village.

Les temps qui suivirent furent assez mouvementés et dès le XIVe siècle, la bastide connut une certaine instabilité. En 1313, Édouard II décida d'en confier la garde au comte de Foix, mais les habitants émirent une protestation qu'ils firent transmettre au roi par le sénéchal Amaury de Créon. Ils prétendaient que, l'agglomération n'étant pas close, ils auraient beaucoup à souffrir des querelles quasi permanentes entre les comtes de Foix et d'Armagnac. Craignant qu'ils ne fassent appel au roi de France, Édouard II décida de garder Fleurance entre ses mains. Cela ne dura que quelques décennies et, en 1374, la bastide redevint française après avoir été prise par le duc d'Anjou.

Son nouveau statut, qui devait normalement lui assurer la sécurité, ne l'empêcha pas de vivre quelques tribulations. En 1425, Charles VII en fit don à Charles II d'Albret, captal du Buch, qui l'administra d'une façon assez tyrannique. Un peu plus tard, Louis XI la prit de force, fit pendre les consuls et livra le village au pillage de ses arbalétriers. Mais les ennuis ne s'arrêtèrent pas là. En 1518, une peste dévastatrice fit des ravages au sein de la population. Elle subit ensuite les troubles des guerres de Religion et de la Fronde. Enfin, la Révolution amena à son tour des déprédations dans l'église et celle-ci fut pour un temps transformée en magasin à fourrage. Ce n'est qu'à la fin du XVIIIe siècle que la ville retrouva son essor économique et se développa à nouveau.

Les couverts de Fleurance.

Aujourd'hui, Fleurance ne renie pas pour autant son passé de bastide. Son plan orthogonal est toujours très apparent. La belle place carrée de soixante mètres de côté arbore encore de nobles façades. La vieille halle en bois a certes disparu, mais a été remplacée par une vaste construction de pierre qui occupe la majeure partie de l'espace. Les couverts ont été reconstitués sur les différents côtés et des statues fontaines de bronze représentant les quatre saisons ornent agréablement leurs extrémités. Placée légèrement en retrait et en diagonale par rapport à la place, l'église paroissiale Saint-Laurent apparaît comme un imposant édifice ressemblant à une cathédrale. Dotée de vastes dimensions, elle a été construite entre la fin du XIIIe et le XVIe siècle, et présente un portail orné de voussures et flanqué de six enfeux décorés. Elle est dominée par un magnifique clocher de forme octogonale, à trois niveaux, percé de baies à meneaux. À l'intérieur, les pièces maîtresses du mobilier sont sans conteste les trois verrières du chœur réalisées par Arnaud de Moles, auteur des vitraux de la cathédrale d'Auch, mais on pourra aussi admirer la statue de la Vierge à l'Enfant et les grandes orgues de facture romantique.

Fleurance, qui conserve toujours ses vestiges de la bastide, est devenue une des villes les plus dynamiques de la Gascogne. C'est un centre commercial important et ses marchés du mardi matin, hauts en couleurs, sont très fréquentés par les populations des alentours, ainsi que par les touristes. Sa prospérité n'est sans doute pas étrangère à sa situation dans l'axe de la vallée du Gers.

CI-CONTRE

La vue aérienne de Fleurance fait apparaître la disposition en damier de la bastide (photo Michel Bernard).

Le vieux pont de Fourcès.

La porte de l'Horloge de Fourcès.

Le château de Fourcès est intégré à la bastide.

Fourcès

Parmi les bastides gasconnes qui, pour la plupart, présentent un plan orthogonal, Fourcès fait preuve d'une certaine originalité. Elle se caractérise en effet par un contour circulaire très apparent et un bel ordonnancement intérieur qui en font un des joyaux architecturaux de l'Armagnac. Elle tient son charme de sa forme particulière, de ses modestes dimensions et de sa situation en retrait de la grande circulation.

Située à mi-chemin entre Mézin et Montréal-du-Gers, cette jolie bastide mérite une visite prolongée. C'est en franchissant l'Auzoue par un joli petit pont de pierre, autrefois couvert, que l'on pénètre dans l'agglomération. Un château des XVe et XVIe siècles apparaît aussitôt sur la gauche, au bord de la rivière. Il dévoile sa haute façade de pierres ocre, ornée de fenêtres à meneaux, ainsi qu'une tour ronde agréablement restaurée d'où partent les deux ailes du bâtiment. Si l'on poursuit sa route de l'autre côté du pont, la place ronde, merveille des merveilles, nous accueille aussitôt. Ceinturée par une rue qui a adopté sa forme, elle dévoile au centre un espace de verdure ombragé qui invite au repos. De l'autre côté, des maisons à colombages ou à façades de pierre la bordent et se signalent par de belles arcades sous lesquelles les passants peuvent se promener tout à loisir. Au milieu d'elles partent parfois de jolies ruelles qui nous replongent dans une ambiance médiévale. Un de ces passages mène à la porte de l'Horloge, surmontée d'un clocheton, qui servait autrefois de beffroi. Elle était rattachée aux murailles qui ont encore laissé quelques traces apparentes à la périphérie du village.

Fourcès s'est singularisée dès ses débuts. C'est en effet l'exemple type d'une bastide précédée auparavant par un autre village. Il semble que dès le XIe siècle une place forte existait à son emplacement. Perchée sur une motte féodale, elle avait attiré quelques familles qui s'étaient rassemblées tout autour et avait ainsi donné naissance à un castelnau. Mais les Anglais, implantés dans la région à la fin du XIIIe siècle, avaient d'autres ambitions pour ce village. Entre 1289 et 1293, ils créèrent sur ce lieu une bastide susceptible de rivaliser avec la fondation française de Montréal, et la charte de coutumes que lui accorda Édouard Ier officialisa ses statuts. Le nouveau village éprouva quelques difficultés dans les débuts de la guerre de Cent Ans, mais les Anglais lui restaient toujours très attachés. Un peu plus tard, en 1331, Édouard III, désirant préserver son intégrité, décida de la remettre en état et d'en organiser la garde. Mais, en 1343, elle changea de mains et redevint française. En 1370, Charles V accorda sa sauvegarde à la population.

La bastide n'était pas toutefois au bout de ses malheurs : en 1488, un de ses coseigneurs fut accusé de félonie et Charles VII ordonna de démolir le château. Cinq à six cents hommes à pied vinrent d'Agen, reçurent d'importants renforts de personnels et s'emparèrent de la forteresse après avoir utilisé toutes sortes d'engins destructeurs.

CI-CONTRE
Fourcès et sa place circulaire (photo Philippe Laplace).

Vue latérale de l'église de Montréal.

Les couverts de Montréal.

Montréal s'est construit à proximité de la villa gallo-romaine de Séviac.

La nouvelle cité ne pouvait toutefois se passer de demeure seigneuriale et un nouveau château fut édifié un peu plus tard, vraisemblablement sous le règne de Louis XIII.

Aujourd'hui, le village de Fourcès a été restauré avec goût et il faut rendre grâce à tous ceux qui ont œuvré pour sa rénovation – et qui ont su en même temps conserver l'âme de la bastide. Le château, transformé en hôtel, se reflète dans les eaux calmes de l'Auzoue. Les maisons présentent toujours d'agréables façades et les ruelles latérales ont été sagement préservées. À la belle saison, de nombreuses animations, et en particulier des marchés aux fleurs, font revivre la vieille cité en lui redonnant de multiples couleurs.

Montréal

Perchée sur un promontoire qui domine la rivière Lauzoue, Montréal est, comme son nom l'indique, une bastide royale. Cette cité accueillante se montre encore aujourd'hui parfaitement digne de son titre en mettant agréablement en valeur les restes de son passé. Sa petite place carrée, ornée de belles maisons de pierre, est des plus attrayantes. Ses couverts surmontés de boiseries ont été rénovés avec art et invitent à la promenade. L'église, de style gothique, est située en diagonale par rapport à la place, mais communique avec elle ; construite juste au-dessus d'un ravin, elle participait à la défense du village et a été fortifiée à cet effet. Blottie contre l'édifice religieux, une vieille porte rappelle l'existence des anciennes murailles. Quelques rues rectilignes abritent des maisons qui montrent fièrement leurs colombages et leurs encorbellements, et l'on peut admirer plusieurs vieilles ruelles qui évoquent tout naturellement la vie quotidienne au Moyen Âge ; l'une d'elles nous dévoile encore un de ces passages, appelé « pountet, » qui permettait autrefois de relier deux habitations.

Montréal est née à la frontière de l'Agenais, non loin de Condom et de Fourcès, en 1255. Alphonse de Poitiers, frère du roi Saint Louis et comte de Toulouse, fut à l'origine de son implantation et il chargea son sénéchal, Guillaume de Bagnols, de mener à bien l'opération. En fait, la naissance de cette nouvelle bastide répondait à des desseins politiques. Elle s'effectuait face au duché d'Aquitaine, à la limite du domaine anglais. L'intention d'Alphonse de Poitiers était évidente ; il voulait marquer le territoire du roi de France et qualifia d'ailleurs la situation de la fondation par le terme très expressif « in fronteria ». Les terres nécessaires, qui se situaient au lieu-dit Deguin-en-Condômois, étaient disponibles puisqu'elles avaient été confisquées à leur propriétaire, Gérard de Fourcès, pour des raisons encore non éclaircies aujourd'hui. Un notaire d'Agen, le sieur Pons Maynard, fut chargé de dessiner le tracé de l'agglomération et de mettre au point la charte de coutumes.

Dès lors, la bastide prit vite forme. Son plan était de type rectangulaire et mettait en lumière l'importance que le fon-

CI-CONTRE

Un pountet, c'est-à-dire un passage entre deux habitations à Montréal.

dateur avait l'intention de lui donner. La bastide était traversée par cinq à six rues longitudinales et parallèles, et sa construction fut rondement menée.

Un mois après la fondation, les coutumes étaient établies. En ce temps-là, on était encore profondément marqué par la récente croisade contre les albigeois. Ceux qui avaient gardé quelques rapports avec les cathares, et que l'on accusait d'« hérésie », n'étaient pas admis dans la cité. Par ailleurs, les habitants promettaient obéissance à leurs six consuls élus pour un an, mais en même temps, ils obtenaient des garanties sur la qualité de leur administration ; la répartition des amendes, par exemple, n'avait aucun caractère secret et était automatiquement publiée. De plus, la justice promettait d'être équitable : les procès étaient instruits et les témoins interrogés ; des procureurs et des avocats étaient nommés, et les différentes peines étaient codifiées : une infraction au ban seigneurial était punie d'une amende de six sous arnaudins. Le tarif était le même pour l'adultère, mais les coupables de ce délit devaient aussi courir tout nu dans les rues de la ville.

Le peuplement de la bastide s'effectua en quelques années et bénéficia de l'apport des habitants de la proche campagne. Quelques nouveaux avantages tels que la libre circulation du sel furent accordés au cours des premiers temps et la juridiction de Montréal prit de l'importance et s'étendit à de nouvelles terres.

Mais bientôt, selon le déroulement des opérations militaires, la bastide partagea son sort entre les dominations française et anglaise. En 1279 tout d'abord, lors de la cession de l'Agenais au roi d'Angleterre, les habitants durent prêter serment d'obéissance à Guillaume de Valence, procureur du souverain anglais. Ils étaient certes redevables du service d'ost lorsque l'armée était appelée hors du diocèse d'Agen, mais ils n'eurent apparemment pas trop à se plaindre de l'administration d'Édouard Ier. Celui-ci avait d'ailleurs donné des consignes au comte d'Armagnac pour assurer leur sécurité et leur accorder quelques nouveaux avantages. Durant la guerre de Gascogne, au cours de la dernière décennie du XIIIe siècle, Montréal fut un temps occupée par les forces françaises et Hugues de Caylus fut élevé à la dignité de bayle, mais cette situation n'eut qu'un temps. Les Anglais reprirent la ville et celle-ci fut réunie à la couronne d'Angleterre en 1315. En 1324, elle redevint à nouveau française et en 1341 Philippe VI de Valois confirma les franchises déjà accordées. L'année suivante, malgré de nombreuses protestations locales, il céda Montréal au comte d'Armagnac, Géraud V, en échange du château de Miramont-en-Tursan.

Ces multiples changements avaient toutefois des aspects positifs. La bastide en tirait parfois profit ; c'est ainsi qu'elle obtint une clause complémentaire pour encourager la fréquentation de son marché. Les peines infligées pour les fraudes ou les délits à l'occasion de cette activité furent atténuées.

Pendant la guerre de Cent Ans, les deux partis continuèrent à se succéder : Charles, roi de Navarre, qui avait rassemblé son armée à Condom, assiégea Montréal en 1351, puis la bastide fut à nouveau cédée aux Anglais en 1360, à l'occasion du traité de Brétigny. La ville subit ensuite quelques déprédations au début du XVe siècle en raison des passages des bandes de routiers, commandées par Rodrigue de Villandro et Poton de Xaintrailles. En 1426, c'est la bande de brigands commandée par André de Ribes, dit le Bâtard d'Armagnac, qui causa des dégâts supplémentaires dans la ville. Montréal sentit alors le besoin de renforcer sa garnison et prit de nouvelles mesures de protection sous l'égide de son capitaine Raymond-Aymeric de Montesquiou.

En 1442, elle devint définitivement française lors du passage de Charles VII qui rentrait du siège de Dax ; le roi gardait toutefois une certaine rancune contre cette bastide qui avait tellement « marchandé et commercé avec les Anglais ». Les habitants durent se montrer particulièrement dociles pour faire oublier leurs activités passées.

Malgré son statut de ville française, Montréal éprouva de nouveaux déboires : vers 1507, la peste fit des ravages et se propagea jusqu'à Condom. Puis, au cours des guerres de Religion, le général Montgomery, du parti protestant, mit à mal la bastide ; l'église Saint-Orens en particulier souffrit de son passage et les murailles furent gravement endommagées.

Aujourd'hui, Montréal entretient les restes de son passé médiéval et conserve tout le caractère attachant de l'ancienne bastide. Elle met aussi en évidence des vestiges plus anciens ; elle abrite en effet un musée archéologique qui regroupe des pièces de valeur trouvées à l'occasion de fouilles sur le site très proche de l'ancienne villa gallo-romaine de Séviac.

Saint-Clar

Située sur une hauteur à la limite orientale de l'Armagnac, Saint-Clar, dont le nom dériverait de saint Clair, martyrisé à Lectoure, domine la vallée de l'Arrats. Ce village comprend deux parties anciennes édifiées à des époques différentes et facilement identifiables sur le terrain. Il a ainsi la particularité d'avoir deux places à cornières. Le noyau primitif qui s'enroule autour de l'église et du château existait déjà avant 1280 et pourrait bien avoir été une sauveté. Quant à la bastide neuve que l'on trouve un peu plus loin, elle a été créée vers 1289 par le roi d'Angleterre Édouard Ier en liaison avec Géraud de Monlezun, évêque de Lectoure et seigneur de Saint-Clar. Située à l'époque

Le clocher de l'église fortifiée de Saint-Clar domine la bastide.

La halle de Saint-Clar témoigne de l'importance de la bastide.

La vieille église du XIIIe siècle de Saint-Clar.

à la frontière de l'Agenais, elle est née dans un climat de rivalité franco-anglaise et eut comme premier bailli Arnaud Bernard de Preissac.

Dans la première partie dite «du château vieux», la vieille église du XIIIe, parée de neuf enfeux et d'un clocher roman trilobé, est toujours présente, mais a été désaffectée en 1862. Le château de l'évêque, en ruines, a laissé sa place au XVIIIe siècle au presbytère. À proximité, les ruelles étroites et sinueuses, ainsi que les maisons basses à colombages, ont conservé leur aspect vieillot et nous rappellent des temps plus anciens.

À l'intérieur de la bastide proprement dite, trois rues orientées nord-sud et trois autres de direction est-ouest forment un véritable quadrillage. Le centre est constitué par la place de l'Hôtel-de-Ville. On peut y admirer une vieille halle en bois à l'aspect imposant, surmontée d'un clocheton. Les couverts, supportés par de solides piliers en pierre et ornés de rustiques plafonds de bois, sont impressionnants par leurs dimensions et témoignent de l'importance que l'on a voulu donner à cette fondation. Quelques belles maisons de pierre du XVIIIe siècle situées sur la place et dans les rues avoisinantes méritent aussi d'être admirées. À la périphérie, un chemin de ronde donne de belles perspectives sur la vallée de l'Arrats et sur la campagne environnante.

Les premiers habitants disposèrent rapidement d'une charte de coutumes accordée par Édouard Ier en 1289. Dès le XIVe siècle, la bastide monta en puissance et au XVe, elle était citée comme l'une des villes les plus importantes du vicomté de Lomagne. Devenue définitivement française à la fin de la guerre de Cent Ans, elle connut au XVIe siècle une subordination assez complexe: en 1534, les consuls reconnaissaient les droits que le roi de Navarre avait sur eux, mais ils dépendaient aussi du comte d'Armagnac et de l'évêque de Lectoure. La situation administrative semble s'être simplifiée par la suite. Mais comme les autres villages gascons, elle subit les méfaits des guerres de Religion et de la Fronde. Au XVIIIe, elle se spécialisa dans la production du ruban de fil ou de la sargette et connut alors une certaine prospérité. De nombreuses maisons bourgeoises furent édifiées à cette époque-là.

Depuis, un nouvel ensemble s'est créé entre les deux parties anciennes et une église de style néogothique qui se dresse sur la place de la République a été érigée sous le Second Empire, de 1857 à 1862.

Saint-Clar est aujourd'hui une bourgade rurale. Elle s'est surtout spécialisée dans la production de l'ail blanc qui se développe fort bien dans ses terres argileuses et riches en calcaire. On dit même qu'elle en est la capitale. Elle produit aussi des céréales, des melons, des fraises, du tournesol et des volailles, et ses marchés du jeudi sont très fréquentés. Elle s'enorgueillit aussi d'être la patrie de l'abbé Jean Géraud d'Artros, grand poète occitan du XVIIe siècle, et possède également un musée de l'École publique. Mais, marquée par son architecture médiévale, elle reste toujours une bastide et entretient avec soin les beaux éléments qu'elle conserve de son passé.

EN PAGES SUIVANTES

Vue des belles boiseries de la halle de Saint-Clar.

Lot, Tarn-et-Garonne et Tarn

Rudelle (Lot)

Rudelle, petite bastide du Lot, située sur la route de Rocamadour à Figeac dans le canton de Lacapelle-Marival, est surtout connue pour son église fortifiée. Cet édifice, entouré de son vieux cimetière, surprend en effet par son aspect à la fois massif et austère. De forme rectangulaire, il se dresse dans la rue principale tel un donjon médiéval, dominant toutes les habitations, ressemblant davantage à une forteresse qu'à un édifice religieux.

Les dispositifs de défense dont il est équipé sont nombreux : les murs extérieurs sont percés de meurtrières et d'archères en croix pattée. La partie supérieure est dotée de mâchicoulis et de bretèches. Elle est couronnée d'une plate-forme au parapet crénelé et le refuge qui abrite les cloches est percé de meurtrières. Toutes ces fortifications ne datent sans doute pas de l'origine de la bastide, mais auraient été ajoutées à l'édifice initial durant la guerre de Cent Ans.

Si l'on pénètre dans le sanctuaire à nef unique, voûté d'ogives et terminé par une abside pentagonale, l'aspect défensif de l'église est toujours aussi apparent : le premier étage fortifié n'est accessible que par une échelle et l'on y trouve les quelques fentes verticales qui faisaient office de meurtrières ; le second niveau constitue à son tour un autre élément défensif. Ainsi, même à l'intérieur, tout se conjugue pour donner à l'édifice un aspect de château fort.

Au Moyen Âge, du temps de la bastide, l'église représentait un havre de sécurité pour les habitants, aussi bien au cours des guerres qu'à l'occasion d'actes de brigandage qui se perpétraient souvent dans la région. Elle pouvait contenir une petite garnison et la population avait toute latitude pour venir s'y abriter.

Deux clefs de voûte sont marqués des armes des Rudel, seigneurs de la région qui furent covicomtes de Turenne. D'aucuns ont cru trouver là l'origine de l'appellation du village, mais cette hypothèse est aujourd'hui contestée.

Une visite de Rudelle permet de remarquer quelques autres vestiges de la fondation médiévale, telle la place rectangulaire ornée de belles maisons en pierre et un « pountet », passage entre deux habitations, que l'on aperçoit dans une ruelle. La bastide date du XIIIe siècle et aurait été fondée en 1250 par Bertrand de Cardaillac, seigneur de Lacapelle-Marival. Celui-ci l'aurait alors dotée de privilèges. Rudelle semble avoir été l'une des premières fondations du Haut-Quercy. Sa création se situait dans une période de forte tension entre les grandes familles seigneuriales, notamment les Turenne et les Castelnau, tandis que l'autorité royale cherchait à s'affirmer dans la région. D'autres fondations virent d'ailleurs le jour dans les environs : un peu plus au nord, Bretenoux naquit grâce aux Castelnau vers 1277, puis ce fut le tour de Puybrun sur l'initiative du sénéchal de Philippe le Hardi. Une autre bastide, Labastide-du-Haut-Mont, devait également être implantée beaucoup plus près, mais il semble qu'elle ait avorté.

Intérieur de l'église de Rudelle.

CI-CONTRE

L'église fortifiée de Rudelle se présente sous la forme d'un donjon.

L'église fortifiée (XIIIe-XIVe siècles) de Beaumont-de-Lomagne.

Détail de heurtoir à Beaumont-de-Lomagne.

Clocheton de la halle de Beaumont-de-Lomagne.

Un hôpital fut créé à Rudelle par Bertrand de Cardaillac et les consuls du village furent alors chargés de la garde de l'église qui dépendait de la paroisse de Théminettes. Ce n'est que beaucoup plus tard, vers 1471, après la fin de la guerre de Cent Ans, que les Cardaillac abandonnèrent leurs droits sur l'église au profit des habitants. L'un d'entre eux, Astorg de Cardaillac, seigneur de Lacapelle-Marival, laissa la forteresse à la population du village afin qu'elle puisse s'y réfugier et y déposer ses biens.

Malgré la présence de quelques bastides voisines, Rudelle se trouvait un peu isolée face aux dangers qui la menaçaient et l'on comprend très bien, encore maintenant, l'utilité des fortifications de l'église. Malgré son aspect inexpugnable, l'édifice religieux subit les outrages du temps et dut faire l'objet d'un certain nombre de travaux au début du XXe siècle.

Aujourd'hui, Rudelle vit dans le calme, à l'abri des grands courants de circulation, mais du haut de son église, on peut admirer le plan régulier de son urbanisme.

CI-CONTRE

Beaumont-de-Lomagne : la vieille maison à colombages de Jean d'Armagnac.

Beaumont-de-Lomagne (Tarn-et-Garonne)

Perchée sur les coteaux de Gascogne et située presque à mi-chemin entre Montauban et Auch, cette ancienne bastide possède encore bien des atouts.

Comme beaucoup d'autres fondations du Sud-Ouest, elle se remarque à son plan quadrangulaire et à ses rues se coupant à angle droit, mais elle se singularise surtout par la belle halle qui se trouve sur sa place. Surmontée d'une vaste toiture en tuiles et soutenue par trente-huit piliers en bois régulièrement répartis, elle occupe presque tout l'espace, régnant en maîtresse sur la ville. Non loin d'elle, dans les rues adjacentes, des maisons des XVe et XVIe siècles, dont celle de Jean d'Armagnac, montrent leurs belles façades. Elles sont le plus souvent faites de briques rouges et voisinent avec des hôtels particuliers des XVIIe et XVIIIe siècles. Séparée de la place par un îlot, l'église fortifiée, d'aspect sévère, garde la marque du style gothique méridional. Elle est dominée par un clocher octogonal des XVIe et XVIIe siècles. À l'intérieur, la nef dévoile sept travées et abrite un riche mobilier, en particulier de belles stalles et des retables.

La bastide a été fondée vers 1279 par Eustache de Beaumarchais, sénéchal de Toulouse, au nom du roi de France Philippe III le Hardi. À cette occasion, un acte de paréage fut signé avec Bertrand Geoffroy, abbé du monastère cistercien de Grandselve, propriétaire des terrains. Le texte de l'accord, porté sur un parchemin, est encore conservé aux archives municipales.

Les grandes dimensions de la halle de Beaumont-de-Lomagne témoignent de l'importance des marchés qui s'y déroulaient au Moyen Âge.

Castelsagrat : le vieux puits.

Le terroir, qui portait précédemment le nom de Bodot, abritait déjà à ce moment-là un château et une église. Il permit non seulement de réserver deux parcelles pour les demeures du roi et de l'abbé, mais surtout de créer mille emplacements pour les maisons des habitants et d'y adjoindre mille arpents destinés aux vignes. La bastide dépendait de la jugerie de Verdun et le premier nom qu'elle porta fut Beaumont-sur-Gimont.

Si les travaux de construction des maisons semblent avoir débuté assez rapidement, il n'en fut pas de même des murailles : en 1297, Beaumont était encore entourée de fossés. En 1364, la construction de l'enceinte était en cours, mais elle provoqua quelques différends avec le monastère de Grandselve qui refusa de participer aux frais.

À la même période, d'ailleurs, d'autres difficultés intervinrent au sujet des terres agricoles. Des habitants avaient arraché la vigne contre la volonté des religieux et ceux-ci voulaient les obliger à la replanter. Les prétentions du monastère portées devant un arbitre ne furent pas satisfaites, mais les paysans durent s'acquitter de redevances telles que l'agrier et des censives.

La nouvelle ville subit les ravages de la guerre de Cent Ans et fut notamment prise par Henri de Lancastre, comte de Derby, en 1345. Elle subit aussi à plusieurs reprises les méfaits de la peste. Durant les guerres de Religion, les deux partis s'y affrontèrent : dès le début, en 1561, cinquante prêtres attaquèrent à l'épée des protestants. Plus tard, en 1577 et 1580, des combats s'y déroulèrent et en 1591, Beaumont reçut la visite de Monluc. La Fronde ne l'épargna pas non plus : en 1652, elle fut prise par les troupes royales qui marchaient à la rencontre de Condé.

La cité s'enorgueillit par ailleurs d'avoir donné le jour à un grand mathématicien du XVIIe siècle, Pierre Fermat, précurseur du calcul différentiel et de la géométrie analytique. Elle lui a érigé une statue près de la halle afin de lui rendre hommage.

Actuellement, Beaumont-de-Lomagne reste une cité rurale animée qui compte trois mille cinq cents habitants.

Elle a conservé une vocation agricole, est devenue une grande productrice d'ail blanc et élève des chevaux trotteurs. Un plan d'eau de trente hectares attire aussi les touristes, mais ceux-ci ne manquent pas de venir visiter la vieille bastide.

Castelsagrat (Tarn-et-Garonne)

Ce village situé en pleine campagne, au nord-ouest de Moissac, vit aujourd'hui dans le calme, à l'abri des grands courants de circulation. Quand on contemple sa place centrale aux arcades inégales, ses maisons en pierre de taille ou à pans de bois ainsi que son vieux puits, on est à cent lieues d'imaginer l'importance qu'eut autrefois cette agglomération.

Le site de Castelsagrat semble avoir été occupé dès l'époque romaine. Il se situait sur la voie celtique, la Clermontoise, qui reliait Agen à la capitale des Arvernes. La nature du puits construit en pierre de petit appareil ainsi que les ruines des villas trouvées à proximité attestent de l'ancienneté du lieu.

Mais c'est surtout à partir du XIIIe siècle que le site semble avoir acquis quelque renommée. Alphonse de Poitiers, qui en était propriétaire, y fonda une bastide en 1270. Il visait sans doute à redonner à ce lieu son importance d'antan, mais cherchait vraisemblablement aussi à marquer son territoire face à celui du roi d'Angleterre et à restaurer son autorité dans le Bas-Quercy. Il rencontra sur place quelques oppositions, notamment en raison de la concurrence que son projet créait vis-à-vis de la proche bastide de Montjoi. Les difficultés ne contrarièrent point pour autant sa décision et il confia la fondation du nouveau village à son sénéchal Guillaume de Bagneux. La proximité des deux terroirs demeura néanmoins pendant très longtemps une source de conflits.

Au mois de mai de la même année, Alphonse de Poitiers accorda une charte de coutumes aux habitants de Castelsagrat. Ceux-ci devaient certes payer un cens de douze deniers pour chaque pièce de terre labourable ou à bâtir, de quatre brasses de largeur et vingt de longueur. Mais ils bénéficiaient de nouveaux avantages : leur liberté individuelle était garantie. Ils pouvaient marier librement leurs filles et engager leurs fils dans la cléricature. Les redevances telles que les tailles, les quêtes ou les droits de gîte leur étaient épargnées. Ils avaient aussi la possibilité d'user des bois et des carrières du domaine seigneurial. Les marchés hebdomadaires du mercredi ainsi que la foire de Sainte-Cécile donnaient aux paysans l'occasion de vendre leurs produits sans payer pour autant de droits de leude. La charte, qui apportait encore bien d'autres précisions, notamment en matière de justice et d'administration, fut, semble-t-il, considérée comme un modèle du genre et servit d'exemple pour bien d'autres fondations.

En 1271, après la mort d'Alphonse de Poitiers, lorsque les États du comte de Toulouse furent remis à la couronne de France, Castelsagrat devint ville royale. Ce nouveau statut n'empêcha pas Philippe le Bel de la céder à

Le clocher de l'église de Castelsagrat a été refait au XVIIe siècle.

Castelsagrat. Chapiteau sur un mur près de l'église.

Les couverts entourant la place de Castelsagrat.

Restaurant
Hôtel des Consuls

Édouard Ier, roi d'Angleterre, en 1287. La présence anglaise apporta dès lors quelques nouveaux avantages aux habitants. C'est ainsi qu'en 1290, ceux qui venaient de planter leurs premières vignes bénéficièrent des privilèges identiques à ceux de leurs homologues du Quercy, notamment pour le transport de leur vin à Bordeaux. À ce moment-là, la bastide semblait destinée à rester pour toujours dans le giron anglais. Édouard II déclara même en 1318 qu'elle ne serait jamais distraite de la couronne d'Angleterre. C'était une agglomération importante : sa juridiction s'étendait sur de nombreuses paroisses telles que Saint-Michel-d'Ursaud, Buzenou, Saint-Clair ou Colonges.

Mais peu après, ce fut la guerre de Cent Ans et Castelsagrat connut dès lors une grande instabilité : en 1340, elle devint à nouveau française et Philippe VI de Valois la réunit à la couronne de France. Puis, six ans plus tard, le comte de Derby s'en emparait après y avoir fait de nombreuses victimes. Ensuite, au cours des décennies suivantes, Français et Anglais se succédèrent à tour de rôle. En 1356, notamment, les Anglais, commandés par John Chandos et James d'Andelé, firent une percée dans le Quercy, assiégèrent Castelsagrat et s'en emparèrent. Le Bâtard de l'Isle, qui en était le gouverneur, fut tué au cours des combats, après avoir été blessé par une flèche. À la fin du conflit, les derniers tenants de la bastide furent les seigneurs de Beauville auxquels Édouard III avait accordé quelques libéralités. Ceux-ci restèrent longtemps maîtres de Castelsagrat, ou tout au moins du château et des terres avoisinantes, malgré les convoitises de plusieurs personnages tels que Charles, duc de Guyenne, qui, en 1469, voulait faire rentrer la bastide dans son domaine ducal.

Au XVIe siècle, la doctrine de Calvin pénétra fortement le village, sous l'impulsion en particulier de Brandelis de Gironde ; les protestants s'emparèrent définitivement de la bastide à la fin de 1591 et en monopolisèrent l'administration. Mais cette situation n'eut qu'un temps. Les réformés perdirent peu à peu de leur importance et en 1610, il ne restait plus qu'un consul protestant. Un pasteur résidait toutefois encore dans le village ; il disposait d'un temple et vingt livres lui étaient allouées pour son entretien. Entre-temps, les voûtes et le clocher de l'église avaient été détruits et leur reconstruction n'intervint qu'au XVIIe siècle.

Puis, la bastide vécut quelques autres événements malheureux qui entamèrent son intégrité architecturale. Richelieu fit en 1622 détruire les murailles comme il le fit dans toutes les cités calvinistes et cette destruction eut de lourdes conséquences. En même temps, l'influence protestante diminuait de jour en jour. En 1670, tous les consuls étaient catholiques et les quelques notables de la religion réformée qui restaient demandèrent l'annulation des élections. Mais ils n'obtinrent pas satisfaction.

En 1723, les terres possédées à Castelsagrat par les Beauville changèrent de mains et dépendirent désormais de la famille Lacaze.

Actuellement, Castelsagrat a conservé sa place entourée de couverts. Deux cornières ont certes été ouvertes en 1850 pour faciliter la circulation, mais les travaux n'ont pas défiguré l'ensemble. Le vieux puits est toujours présent, profond d'une centaine de mètres. Quant à l'église de l'Assomption, placée dans un coin de la place, elle se signale par son style méridional et sa nef unique terminée par un chevet carré ; elle recèle aussi à l'intérieur un beau retable en bois doré, de style baroque, qui provient du collège saint Raymond de Toulouse. La vieille bastide, qui semble s'être endormie, revit périodiquement grâce à de nombreuses animations, qu'il s'agisse des marchés fermiers du dimanche matin, de la foire à la brocante de Pâques ou de la fête votive du 15 août.

CI-CONTRE
La ravissante place de Castelnau-de-Montmiral confère à cette fondation un charme tout particulier.

Castelnau-de-Montmiral. Vue générale.

Castelnau-de-Montmiral (Tarn)

Ce pittoresque village du Tarn se situe à treize kilomètres au nord-ouest de Gaillac. Juché sur un éperon rocheux, il semble surveiller la vallée de la Vère et la vaste forêt de la Grésigne, qui se trouvent en contrebas. Sa position dominante évoque bien la place forte qu'elle a été au Moyen Âge.

Castelnau-de-Montmiral a su conserver son cachet médiéval et l'on se sent ramené quelques siècles en arrière quand on pénètre sur sa ravissante place centrale. Cet espace a conservé ses couverts et abrite encore de vieilles

Castelnau-de-Montmiral. La croix reliquaire ; rue menant à la porte des Garrics ; la porte des Garrics.

maisons pleines de charme, en pierre avec des fenêtres à meneaux ou bien à pans de bois avec de beaux colombages et des encorbellements. Le puits, complément indispensable des vieilles demeures, nous rappelle qu'un point d'eau existait déjà lors de la fondation et répondait aux premiers besoins des ménagères. Enfin, le pilori, qui reste dans un angle, évoque la sévérité de ces temps anciens où l'on exposait à la risée publique les maraudeurs ou les femmes adultères. Des artères adjacentes telle la rue des Chiffonniers recèlent d'autres habitations des XIVe et XVe siècles.

Non loin de là, l'église paroissiale Notre-Dame-de-l'Assomption, du XVe, contient un riche mobilier : on peut y admirer un retable baroque, un Christ en pierre polychrome et une croix reliquaire gemmée, ornée de pierres précieuses, véritable chef-d'œuvre d'orfèvrerie religieuse, qui aurait été donnée au village en 1497 par le dernier comte d'Armagnac. Les fortifications sont encore aujourd'hui matérialisées par quelques restes de remparts et par la porte des Garrics, seule rescapée des six portes de la bastide.

Castelnau-de-Montmiral a été fondée en 1222 par le comte de Toulouse Raymond VII, alors que celui-ci s'efforçait de réorganiser ses domaines mis à mal par la croisade contre les albigeois. Il aurait alors cherché à remplacer une ancienne place forte détruite. C'est en fait l'une des plus vieilles villes neuves moyenâgeuses du Sud-Ouest ; elle a vu le jour peu de temps après Cordes, la première du genre.

Les siècles qui suivirent sa naissance furent marqués par de nombreuses péripéties. Au début de la guerre de Cent Ans, le Prince Noir envahit l'Albigeois et le village put craindre le pire, mais ses habitants unirent leurs efforts pour renforcer les fortifications et réussirent ainsi à dissuader leurs adversaires de toute attaque. Pendant les guerres de Religion, Castelnau accorda ses faveurs au parti catholique et abrita bon nombre de Gaillacais dont la ville était tombée aux mains des protestants. Elle subit les assauts de quelque huit cents religionnaires qui cherchèrent à percer les murailles, mais parvint à les mettre en fuite. Un peu plus tard, en 1622, elle connut des événements plus heureux. Le roi Louis XIII qui se rendait à Toulouse passa dans ses murs et fut reçu par les consuls et les notables qui lui présentèrent à genoux les clés de la cité ; le souverain logea dans la « maison noble de Tonnac ». Sa visite fut toutefois suivie par le passage de troupes royales qui commirent de nombreuses exactions

Malgré les difficultés rencontrées au cours des siècles, la ville neuve a conservé une certaine intégrité architecturale.

Aujourd'hui, Castelnau-de-Montmiral reste fidèle à sa vocation agricole. Insérée dans le terroir des vignobles de Gaillac, elle est particulièrement animée le mardi matin lors du marché et le 15 août au cours de la foire où les produits régionaux et le miel sont à l'honneur. Elle reste aussi un centre touristique réputé avec ses remarquables vestiges et la toute proche forêt de la Grésigne. Mais elle sait aussi se tourner vers l'avenir et participe au projet de Parc naturel régional des bastides, des gorges de l'Aveyron et de la Grésigne. Elle a également de nouveaux atouts avec son centre équestre, son plan d'eau et sa base de loisirs.

Cordes (Tarn)

Située sur une colline isolée au-dessus de la vallée du Sérou, à la limite nord du Languedoc, Cordes, que l'on désignait à l'origine sous le nom de Cordoue ou de « Cordoa », occupe un site exceptionnel. Ce village, qui semble s'élancer vers le ciel et que certains assimilent souvent au Mont-Saint-Michel, fut en 1122 une des premières créations du comte Raymond VII de Toulouse. Celui-ci venait de succéder à son père dans une période trouble où la région était très éprouvée par la croisade contre les albigeois et avec cette fondation, il jouait un rôle de précurseur. De nombreuses villes nouvelles du même type devaient ensuite être construites dans le sud-ouest de la France.

Quand on admire le site grandiose de Cordes, on pense tout de suite au dessein militaire vraisemblablement poursuivi par le fondateur. Le puech de Mordagne, sur lequel se trouve l'agglomération, constituait en effet une position dominante difficilement accessible en raison de ses côtés fortement escarpés. Mais la démographie et la protection des populations ont aussi joué leur rôle. Le conflit avec les cathares avait entraîné la désolation et la destruction de plusieurs villages des alentours tels que Saint-Marcel, et les populations qui y résidaient se trouvaient ruinées et sans défense ; elles devaient à nouveau trouver un abri. En créant la première bastide, le jeune comte de Toulouse permit de rassembler toutes ces populations déracinées et dispersées.

Raymond VII donna au nouveau village le nom de Cordes en souvenir de la grande ville espagnole de Cordoue. Dès la première année, au cours du mois de novembre, il accorda aux nouveaux occupants qui venaient des villages détruits par les croisés une charte de coutumes particulièrement avantageuse. Le peuplement s'effectua dans des délais assez brefs ; les familles qui s'installèrent n'étaient redevables d'aucun cens. Elles étaient défrayées d'un certain nombre de redevances et péages, et bénéficiaient d'un droit d'usage sur les bois et les carrières que le comte possédait en Albigeois. Certains commerçants étaient toutefois soumis à des impositions ; les boulangers devaient payer au comte un denier raimondin par mois. Les bouchers s'acquittaient de la même somme pour toute vache ou tout bœuf abattu et fournissaient en plus aux autorités les jambes des porcs et des truies tués les samedis, dimanches et jours de fête (elles étaient considérées alors comme des morceaux de choix).

De nombreuses fortifications furent construites afin d'assurer la défense de Cordes. Trois lignes successives de remparts furent aménagées et transformèrent la ville en citadelle imprenable. Cédée au roi de France au titre du traité de Paris, la ville resta par la suite toujours française et vécut dans le calme durant une longue période. Au XIIIe siècle, en particulier sous la sage administration d'Alphonse de Poitiers, elle semble avoir connu une ère de grande prospérité. Près de cinq mille cinq cents habitants y vivaient et le travail du cuir, de la toile et de la corde y

La barbacane, élément essentiel de la défense de Cordes.

Vieille rue et porte de Cordes.

À Cordes, la porte de l'Horloge appartenant à la quatrième enceinte et construite au XIVe siècle.

La maison du Grand Veneur, l'une des plus célèbres de Cordes, portait une frise de chasse sculptée à la hauteur du deuxième étage.

La maison du Grand Veneur de Cordes : détail des sculptures.

était couramment pratiqué ; favorisé par la paix qui régnait à cette époque, il fit la fortune de bien des habitants. En 1273, les Cordais furent autorisés à organiser une foire annuelle, le jour de la Saint-Barthélemy, patron des tanneurs. De belles demeures bourgeoises aux façades de grès ornées de nombreuses décorations firent alors leur apparition.

Mais aux yeux de l'église, la ville restait encore coupable d'avoir pactisé avec les cathares et devait se faire pardonner. Aussi en 1321, une réconciliation solennelle fut organisée sur la place du marché. Le provincial des frères prêcheurs, le délégué de l'évêque d'Albi et d'autres autorités religieuses imposèrent une pénitence aux Cordais. Ceux-ci durent construire en deux ans une chapelle en l'honneur de plusieurs saints : saint Dominique, saint Pierre, saint Louis et sainte Cécile.

En 1353, Jean le Bon autorisa la construction d'une halle et l'on vit apparaître aussi des fontaines. La guerre de Cent Ans ne perturba que très peu le commerce du cuir et des étoffes, mais les Cordais n'en avaient pas moins quelques sujets de mécontentement. Ils estimaient en particulier que les impositions auxquelles ils étaient soumis étaient prohibitives et déploraient que chaque foyer soit imposé de cinq sous par mois pour permettre à Édouard III de chasser l'ennemi de Gascogne. Alors, les consuls de Cordes élevèrent des récriminations et en vinrent à se déplacer jusqu'à Toulouse afin d'obtenir une diminution de leur contribution. Puis, vers 1370, le calme du village fut troublé par la présence de routiers qui, sous la conduite du Bâtard de Terride, commirent quelques méfaits.

La réussite de cette ville neuve du Moyen Âge avait entraîné la naissance de nouveaux faubourgs sur les flancs de la colline. Il fallut au XIVe siècle aménager une quatrième, puis une cinquième enceinte afin d'assurer la protection de tous les habitants. Mais les importantes fortifications ne résolvaient pas tous les problèmes. En mars 1437, Cordes se trouva mêlée à une sombre querelle entre deux prétendants à l'évêché d'Albi et s'opposa au candidat soutenu par le roi. Alors, bien qu'ayant jusque-là réussi à éviter les attaques du célèbre chef de brigands Rodrigue de Villandrando qui œuvrait dans la région, elle laissa pénétrer les troupes royales et cette fois fut mise à sac. Elle dut même pour se faire pardonner obtenir du roi une lettre de rémission et payer une redevance de quelques deniers.

Un peu plus tard, durant les guerres de Religion, les Cordais, qui s'étaient auparavant compromis dans « l'albigéisme », prirent le parti catholique et subirent à deux reprises en 1568 et 1574 des attaques de huguenots. Ceux-ci occupèrent la ville et détruisirent les édifices religieux.

Au cours des siècles suivants, Cordes, toujours bien protégée, mais soumise aux aléas de l'histoire, perdit de son importance ; tout d'abord les pestes de 1589 et 1632 firent de nombreux ravages, puis les mauvaises récoltes et les hivers rigoureux engendrèrent des famines. Par la suite, l'industrie des cuirs se mit à péricliter, la misère s'installa et de nombreux habitants quittèrent le village. Le coup de grâce fut donné au cours de la Révolution quand le village perdit son titre de chef-lieu de canton pour devenir une simple commune. Il n'avait plus alors le même renom qu'au XIIIe siècle.

Mais en 1870, la ville eut un nouveau sursaut et retrouva son animation d'antan : deux Cordais exilés en Suisse avec l'armée de Bourbaki eurent la riche idée de ramener de Saint-Gall un métier à broder. Il n'en fallut pas moins pour faire naître un véritable engouement pour le travail de la broderie. Désormais, de multiples mouchoirs, jupons, napperons et rideaux sortirent des ateliers et firent l'objet d'un nouveau négoce. Mais les caprices de la mode amenèrent dès 1930 un ralentissement très net de ces activités. Le tourisme a toutefois pris le relai et c'est lui qui maintenant entretient l'animation dans le village. De nombreux artisans se sont installés. Des tisserands, des sculpteurs sur pierre et sur bois, des imagiers, des potiers, des peintres, des maroquiniers ont ouvert des boutiques.

Cordes. Le puits, la halle et sa croix.

Cordes renaît et abrite encore aujourd'hui de nombreux trésors d'architecture qui attirent l'attention des visiteurs : toujours ceinturée par trois puissantes lignes de remparts, elle dévoile encore ses chemins de ronde placés les uns au-dessus des autres et reliés par d'étroites ruelles. On peut y admirer quelques belles portes aux noms évocateurs : celle de l'Horloge, celle du Planol et celle du Roux, dite aussi portail peint. Perchée sur un talus, la barbacane, qui fut construite au XIVe siècle sur la troisième enceinte et qui est associée à un bastion situé juste à côté, permet de compléter le tableau de ces fortifications qui faisaient de Cordes une bastide imprenable.

Plus haut, à une extrémité de la Grand-Rue, se trouve la

Lisle-sur-Tarn. Vue générale depuis le pont.

partie vitale de la cité. En plein centre, enserrée au milieu d'autres édifices et occupant la majeure partie de la place, la vaste halle dallée, à la noble charpente soutenue par vingt-quatre piliers de pierre, évoque encore les nombreux marchés animés qui devaient s'y dérouler. Un puits, qui alimentait la ville et servait de réserve d'eau potable pour les Cordais, se situe à proximité, gigantesque par ses dimensions. Entièrement creusé dans le roc, il a un diamètre de deux mètres quatre-vingts et une profondeur de cent dix-sept mètres. Une légende raconte qu'en 1233, au cours de la croisade contre les albigeois, les cathares de Cordes y précipitèrent trois inquisiteurs accusés d'avoir fait preuve d'un zèle excessif. Tout à côté, se trouvait à l'origine l'église Notre-Dame-de-la-Vaysse, maintenant disparue à l'exception d'une tour, seul témoin de la chapelle originelle. Elle a été remplacée au XIVe siècle par l'église Saint-Michel, d'apparence sévère, mais impressionnante par sa masse et sa hauteur. Construite en grès rose et mauve, elle est dominée par un haut clocher octogonal, muni d'un beffroi et doté de meurtrières et de mâchicoulis. Elle avait sans doute son rôle dans la défense de la cité.

Mais le joyau de Cordes est sans doute constitué par les magnifiques demeures admirablement conservées qui se trouvent à son sommet et qui à juste titre suscitent notre admiration. Elles ont été érigées après les débuts de la bastide, entre 1260 et 1315, par des bourgeois qui se sont enrichis dans le commerce du cuir et de la toile. Qu'il s'agisse de la maison du Grand Fauconnier, de celle du Grand Écuyer, des maisons Ladevèze, Gaugiran, Fontpeyrouse ou de d'autres encore, elles ont toutes été bâties avec du grès de Salles que l'on extrayait de carrières situées à quinze kilomètres de là. Les différents niveaux ont été construits avec une certaine recherche artistique et se remarquent à leurs arcades, à leurs baies et à leur colonnettes aux chapiteaux ornés de motifs humains, animaliers ou floraux.

Les vestiges médiévaux font encore la richesse de Cordes et tous les étés, la ville retrouve une grande animation.

Lisle-sur-Tarn (Tarn)

Située sur la rive droite du Tarn, à mi-chemin entre Toulouse et Albi, cette bourgade affiche fièrement son identité de bastide.

La place centrale, qui étonne par ses dimensions, est une des plus vastes du Sud-Ouest. Se présentant sous la forme d'un carré régulier, elle a conservé ses couverts et sa vieille fontaine. Mais les maisons qui s'y trouvent, ainsi que celles que l'on découvre en flânant dans les rues pavées adjacentes, sont sans doute les constructions les plus pittoresques ; datant des XVIe, XVIIe et XVIIIe siècles et ornées de façades en brique et à colombages, elles sont parfois reliées par des « pountets » au niveau des étages.

L'église Notre-Dame-de-la-Jonquière, nettement séparée de la place, a été construite en brique, dans le style toulousain. Elle possède un beau portail roman et est dominée par un clocher octogonal, haut de quarante mètres et coiffé d'une flèche entourée de gargouilles. À l'intérieur, on peut admirer sa large nef unique du XIVe siècle et les belles fresques qui se trouvent dans l'abside.

Dans le village, le tracé régulier des rues délimite quatre quartiers distincts et l'on peut encore admirer quatre portes fortifiées qui ont été baptisées Peyrole, Saint-Louis, le Pal et le Port. Enfin, si l'on se dirige vers le pont qui enjambe le Tarn, on bénéficie d'une vue très agréable sur la ville et sur les maisons à arcades bâties le long de la rivière. Les terrasses verdoyantes sur lesquelles s'étagent de beaux hôtels particuliers offrent un beau spectacle.

La bastide a été créée après 1229 et vraisemblablement aux alentours de 1248 par le comte de Toulouse, Raymond VII. Ce dernier avait vu ses territoires amputés par le traité de Paris de 1229 et il s'efforçait alors de consolider le domaine qui lui restait en organisant de nouveaux centres de peuplement. C'est ainsi que le village se construisit dans le territoire du château de Montégut, détruit au cours des années précédentes, et s'appela à l'origine Lisle-en-Albigeois (ou Lisle-d'Albi). Ce fut l'une des premières bastides du Toulousain après Cordes et Castelnau-de-Montmiral. Dès le XIIIe siècle, elle connut une activité économique importante grâce au commerce qui s'y développa, tout d'abord avec le pastel et un peu plus tard avec le vin.

Aujourd'hui, Lisle-sur-Tarn a conservé sa spécificité viticole et se trouve au cœur du vignoble gaillacois. Mais ce n'est pas son seul mérite : c'est aussi la seule bastide du Tarn qui ait été construite en plaine et qui possède un port. Elle conserve précieusement son patrimoine et organise chaque année des promenades historiques qui permettent d'admirer les vestiges de la bastide. Elle ne reste pas toutefois uniquement tournée vers le passé. Elle s'est aussi donné une vocation culturelle plus moderne : son musée abrite les œuvres de Raymond Lafage, dessinateur né à Lisle en 1656 et d'autres artistes des XIXe et XXe siècles, dont Giacomotti et Maziès, élève d'Ingres.

Lisle-sur-Tarn. Un pountet ; façade de l'église ; maison à colombages garnis de briques.

Aveyron, Haute-Garonne, Ariège et Aude

Sauveterre-de-Rouergue (Aveyron)

Sauveterre-de-Rouergue, reconnue comme l'un des plus beaux villages de France, est sans doute la plus pittoresque bastide de l'Aveyron. Son riche ensemble architectural mérite une mention toute particulière.

La bastide est née en 1281 dans le Ségala, contrée du Rouergue réputée pour son seigle. En ce temps-là, dans la région, l'insécurité était générale; les compagnies de routiers commettaient de nombreux forfaits. Ils brûlaient, tuaient et pillaient et les paysans disséminés dans la campagne vivaient dans la crainte de leurs passages. Guillaume de Macon, sénéchal du roi de France, chercha à créer une « terre sauve » qui serait un asile de sécurité et où bien des familles pourraient venir s'abriter. Il s'efforça en même temps de concurrencer Naucelle, grand bourg voisin qui prenait de plus en plus d'importance et de là naquit une longue rivalité entre les deux cités.

Sauveterre devait aussi prendre la relève d'une sauveté du XIe siècle, mais avec de plus grandes ambitions. Dès que la décision de création fut prise, un plan fut établi pour le nouveau village. Neuf îlots diversement subdivisés furent dessinés et soixante familles se portèrent volontaires pour s'établir dans la nouvelle bastide. Une charte de franchises fut accordée; elle précisait que Sauveterre pouvait avoir ses propres boucheries et draperies.

L'agglomération se construisit progressivement au fil des ans et Philippe III le Hardi la rattacha au domaine de la couronne. Sauveterre méritait bien dès lors le titre de bastide royale. Son enceinte carrée était dotée de murs énormes, encadrés de profondes douves. Elle était percée de quatre portes fortifiées d'où partaient les rues principales. Celles-ci débouchaient sur une place carrée de grandes dimensions, bordée de cornières que dominaient les façades des maisons. Au centre, autour de la croix et du puits, se tenaient les foires et les marchés, et c'est là que la ville trouvait toute son animation. Puis en 1330, dans un angle de la cité, Pierre de Castelnau, évêque de Rodez, fonda l'église.

Sauveterre prit alors très vite de l'importance et régna sur les alentours. Cent ans plus tard, l'édifice religieux prit le titre de collégiale tandis que dans le même temps la bastide devenait le siège d'un bailliage. Une riche bourgeoisie s'y était installée et la réussite économique du village semblait assurée. Ces espérances se vérifièrent et au XVIIIe siècle, Sauveterre était encore une cité importante; elle méritait le titre de chef-lieu de district et avait de multiples activités. L'artisanat s'y était en particulier développé. De nombreux artisans tels que les cloutiers, les sabotiers, les tisserands et les cordiers y résidaient. Mais au XIXe siècle, la construction du chemin de fer redonna de l'importance au village voisin de Naucelle au détriment de Sauveterre qui se retrouva isolée et commença à perdre sa suprématie sur la contrée. La bastide comptait encore à ce moment-là quelque mille trois cents habitants.

Les couverts de la grande place et les anciennes boutiques des marchands de drap et de couteaux, deux productions qui faisaient jadis la réputation de Sauveterre.

CI-CONTRE
À Sauveterre-de-Rouergue, la vaste place des Arcades avec son puits communal, bien que rénovée, constitue un bon témoignage de l'architecture médiévale.

Sauveterre-de-Rouergue. La porte Saint-Vital ; la porte Saint-Christophe ; intérieur de l'église.

Aujourd'hui, elle n'en abrite qu'un peu plus de cinq cents mais cela ne lui retire en rien son intérêt touristique. On peut toujours s'y attarder pour admirer sa vaste place des Couverts avec ses moulures de pierre, son cadran solaire et les bas-reliefs encore portés par certains de ses murs. L'église n'est pas très loin, tout juste séparée par une ruelle. Les rues adjacentes dévoilent quelques belles maisons à colombages et à encorbellements. On peut aussi se promener sur ses boulevards ombragés qui recèlent encore des vestiges de murs et de fossés, ainsi que les portes de Saint-Christophe, de Saint-Vital et une vieille tour.

Au cours de l'année, la ville retrouve toute son animation en quelques grandes occasions, notamment au cours des journées artisanales de la Pentecôte, de la fête de Saint-Christophe en juillet, de celle de la Lumière le 15 août et enfin des journées de la châtaigne et du cidre doux à la Toussaint.

Villefranche-de-Rouergue (Aveyron)

Blottie dans un cirque, près du confluent de l'Aveyron et de l'Alzou, au pied d'un escarpement du Ségala, cette bastide que l'on appelle souvent la « perle du Rouergue » a connu un passé prestigieux.

Les terrains situés à proximité de son emplacement actuel étaient déjà occupés à l'époque préhistorique, si l'on en juge par les pointes de flèches et les silex taillés que l'on y a retrouvés. Dans l'Antiquité, une ville gauloise s'y est implantée et une voie romaine encore matérialisée par quelques bornes passait non loin de là, reliant Cahors à Rodez. Plus tard, au XIe siècle, c'est un village de mineurs dénommé La Peyrade qui s'installa sur la rive gauche du fleuve ; il regroupait les populations exploitant les mines de plomb argentifère et de cuivre que les Romains avaient déjà utilisées en leur temps. Mais il ne fut guère longtemps prospère.

En 1252, sur la suggestion du sénéchal Jean d'Arcis, Alphonse de Poitiers créa Villefranche pour le compte du roi Saint Louis sur la rive droite du fleuve. Depuis la fin de la crise albigeoise, les diverses autorités civiles et religieuses s'efforçaient d'accroître leur pouvoir dans la région. Entre Rodez et Cahors, évêques et seigneurs locaux cherchaient à affirmer leur autorité. De son côté, Alphonse de Poitiers, qui avait déjà de solides positions avec les châteaux de Najac et de Peyrusse-le-Roc, voulut marquer la présence du pouvoir royal et compléter son dispositif en fondant une nouvelle ville bien située et de grandes dimensions. En menant cette opération, il chercha aussi à mettre en valeur des terres jusque-là incultes et créa ici une ville franche susceptible d'attirer de nouveaux habitants et de constituer un important centre agricole et commercial.

CI-CONTRE

Villefranche-de-Rouergue. À l'intérieur de la bastide, il existe une hiérarchie complexe entre venelles, ruelles ou rues.

Le monumental clocher-porche de l'église Notre-Dame de Villefranche-de-Rouergue, haut de 59 mètres, servait aussi de beffroi pour la ville.

Au début, l'implantation de la population rencontra quelques difficultés. Les habitants des villages voisins avaient déserté leurs lieux de résidence pour venir s'installer dans la nouvelle bastide. L'évêque de Rodez qui les voyait quitter ses domaines ne resta pas sans réagir et les excommunia; ils durent alors abandonner les nouvelles habitations qu'ils avaient déjà construites à Sauveterre. Mais ces premières difficultés n'eurent qu'un temps et la ville nouvelle prit rapidement son essor. En 1302, alors qu'elle était en pleine croissance, elle devint le siège d'un archiprêtré. En 1369, le roi Charles V y fixa la résidence du sénéchal de Rouergue qui, jusque-là, était déambulatoire, et la bastide devint dès lors la capitale judiciaire de la province. Deux ans plus tard, un hôtel des monnaies s'y implanta en raison de la proximité de ses mines d'argent et de cuivre. Si Rodez fabriquait une devise rodanoise, Villefranche la dépassait en importance car elle frappait des pièces françaises pour le souverain. L'atelier monétaire royal, qui y était dès lors implanté, fonctionna jusqu'au XVIe siècle.

Parallèlement, la ville s'était fortifiée et au milieu du XIVe siècle, elle disposait de solides remparts pour la protéger. La guerre de Cent Ans interrompit les travaux de construction de l'église mais les faveurs de Charles V favorisèrent la fortune de Villefranche. Des dynasties de robe provinciale ainsi que de riches marchands s'y fixèrent et de remarquables ateliers d'orfèvrerie s'y implantèrent. La bastide devint aussi un gîte d'étape sur la route de Saint-Jacques-de-Compostelle et en 1448, le pape érigea l'église Notre-Dame en collégiale.

En 1558, la Réforme pénétra à Villefranche et la ville fut touchée par les guerres de Religion : les stalles du chœur de l'église furent détériorées et les chefs huguenots, poursuivis par Monluc, se réfugièrent à Saint-Antonin. Dès lors, Villefranche devint une cité catholique et une véritable pépinière de prêtres et de religieuses. Elle resta une ville importante jusqu'au XVIIIe siècle et fut même un moment capitale de Haute-Guyenne (Rouergue et Quercy). La Révolution scinda toutefois ce dernier ensemble en deux départements, fixa à Rodez le siège de l'assemblée de l'Aveyron et enleva à Villefranche son importance antérieure. Enfin, le coup de grâce fut donné lorsqu'elle perdit le siège de la préfecture au profit de Rodez.

Pour visiter aujourd'hui Villefranche, il est conseillé de l'admirer de l'extérieur avant d'y pénétrer. Du sommet de la rude côte du Marcadou qui mène vers Rodez et à la sortie des gorges sauvages de l'Aveyron et de l'Alzou, on a une belle vue d'ensemble et on découvre la ville avec ses toits rouges dominés par l'imposante masse blanche de la cathédrale. La « perle du Rouergue » dévoile alors le dessin de ses rues rectilignes qui se coupent à angle droit. Mais il faut ensuite effectuer une visite détaillée de la ville et se rendre tout d'abord sur l'aire fermée de la place Notre-Dame qui est le cœur de la cité. Quand on pénètre dans cet espace carré, on est tout de suite impressionné par la hauteur des maisons qui la bordent et qui s'élèvent sur trois ou quatre niveaux. Elles arborent leurs façades plates à hautes fenêtres ou à balcons et deux d'entre elles se singularisent en témoignant de l'opulence des riches marchands villefranchois : la maison du Président Raynal avec ses fenêtres à meneaux et sa voisine avec sa porte en anse de panier.

Mais ce qui surprend le plus, c'est la haute collégiale qui, telle une forteresse, présente son énorme clocher-porche, haut de cinquante-neuf mètres, épaulé par quatre puissants contreforts et parfaitement intégré aux couverts de la place. À l'intérieur, la large nef nous dévoile les périodes successives de construction : les colonnes du chœur à saillies arrondies du XIVe, celles de la croisée du transept du début du XVe et enfin le décor flamboyant de la première travée de la fin du même siècle.

À l'extérieur de la place et en flânant dans les rues, on peut encore admirer quelques vestiges de la bastide. Les rues Alibert, de la Gabelle ou de la Bascule recèlent de vieilles maisons à pans de bois ou des fenêtres géminées pouvant dater du XIIIe siècle. Dans le quartier Saint-Éloi, on trouve des noms de rues évoquant les métiers d'autrefois : les cassiers, ou fabricants de louches en cuivre, les

CI-CONTRE
Villefranche-de-Rouergue. Le pont des Consuls enjambant l'Aveyron a été construit en 1320 et restauré au XVIIIe siècle.

peyrouliers qui confectionnaient des chaudrons ou des marmites et les calels, ou lampes de cuivre à cinq becs de l'époque. Le vieux pont des Consuls qui enjambe l'Aveyron avec ses trois arches en pierre rappelle par sa forme en dos d'âne les ponts médiévaux. Il date de 1320 et a été remanié depuis.

Ailleurs, quelques pittoresques bâtiments postérieurs à la bastide méritent d'être admirés. La chapelle des Pénitents noirs, la chapelle des Pénitents bleus, la chartreuse Saint-Sauveur ainsi que de nombreux hôtels particuliers complètent les richesses architecturales de la ville.

Aujourd'hui, Villefranche-de-Rouergue a sans doute répondu aux aspirations de ses créateurs. C'est une agréable sous-préfecture de treize mille habitants, active et vivante, qui a su maintenir sa vocation commerciale. Sa place Notre-Dame, où se déroulent les marchés, reste un espace convivial et le centre historique a été préservé. Elle abrite à sa périphérie de nombreuses petites entreprises qui assurent une production alimentaire et favorise les activités de négoce. De nouveaux quartiers s'y sont développés. La bastide, qui petit à petit réhabilite ses bâtiments anciens, revit tout particulièrement les 22 de chaque mois au cours des foires et surtout l'été avec ses animations théâtrales, ses concerts et ses animations de rues.

Montesquieu-Volvestre (Haute-Garonne)

Cette bastide, située dans une boucle de l'Arize et entourée de vertes et douces collines, est considérée comme la métropole du pays de Volvestre. Son site est admirable et permet par temps clair un beau panorama sur la chaîne des Pyrénées.

Dans l'Antiquité, l'emplacement était déjà apprécié par les Romains qui y avaient construit une forteresse. Mais c'est surtout au Moyen Âge, au XIIIe siècle, qu'il fut vraiment mis en valeur. Le comte Raymond VII de Toulouse, qui avait perdu ses domaines du Rhône et du Bas-Languedoc dans le traité de Paris de 1229, avait néanmoins été autorisé à élever de nouvelles villes sur les terres qui lui restaient. En 1238, il acheta le vieux château que l'on appelait « castera » et fonda à proximité une bastide, œuvrant vraisemblablement ainsi contre le comte de Comminges qui était l'un de ses rivaux. Il aurait à cette occasion passé un paréage avec l'abbé de Lézat et en 1246, il accorda aux habitants une charte de franchises fort détaillée, rédigée en quarante-quatre articles.

Montesquieu-Volvestre. Clocher de l'église Saint-Victor.

La ville nouvelle fut construite sur un plan en damier et devint une place forte entourée de fortifications en briques cuites; elle était dotée de cinq portes et le clocher de l'église, construit en même temps que les maisons, servait de tour de guet.

En 1271, à la mort du dernier comte de Toulouse, la ville revint au roi de France, mais en fait la seigneurie resta sous l'autorité du comte de Foix.

Les périodes qui suivirent furent mouvementées: durant la guerre de Cent Ans, la bastide semble avoir échappé aux raids du Prince Noir qui ne fit qu'effleurer les possessions du comte de Foix et elle s'enferma souvent dans ses murs pour éviter les pillages des compagnies de routiers, très actives dans la région. Durant la même période, toutefois, les Montesquiviens furent impliqués dans les conflits opposant les deux maisons de Foix et d'Armagnac. En 1376, notamment, la ville fut assiégée, puis dévastée et pillée par les troupes du comte d'Armagnac.

Plus tard, durant les guerres de Religion, la cité, qui avait pris le parti catholique, résista à de nombreux assauts protestants. Par deux fois en 1569, elle repoussa des religionnaires qui tentaient de pénétrer par surprise dans la bastide et notamment Montgomery qui se portait au secours de la reine de Navarre. Puis, en 1574, de nombreux soldats calvinistes l'investirent, mais un vaillant capitaine, Ferréol de Griet, réussit à les chasser.

Par la suite, durant de nombreuses décennies, Montesquieu-Volvestre fut un centre réputé de tissage de la laine. Mais au XIXe siècle, l'invention du métier jacquart et la diminution des troupeaux de moutons provoquèrent une importante chute de ses activités industrielles.

Aujourd'hui, elle est devenue un chef-lieu de canton assez actif qui regroupe dix communes. Les murailles ont disparu, remplacées par des boulevards, mais le cœur de la cité a conservé son caractère. La place à arcades est occupée en grande partie par une immense halle du XVIe siècle et dans une de ses extrémités se trouve l'église Saint-Victor, joyau de la bastide. Cet édifice majestueux de style méridional (XIVe-XVe siècles), qui se signale par sa teinte rouge et rappelle un peu la cathédrale d'Albi, a remplacé la vieille église. Il est fait de briques et sa façade est ornée d'un portail en pierre blanche datant de la Renaissance. Deux tours crénelées d'inégale hauteur surplombent le bâtiment; elles entourent deux petites poivrières au toit conique, ainsi qu'une grande rosace. La tour de droite supporte un élégant clocher de forme polygonale à seize pans, qui comporte trois étages percés de fenêtres. À l'intérieur, la grande nef unique à chevet plat est entourée de chapelles latérales. Le mobilier y est particulièrement riche; il comprend notamment une mise au tombeau en pierre polychrome du XVe siècle, un grand

La façade de l'église Saint-Victor de Montesquieu-Volvestre, principale curiosité de la bastide.

Détail du portail Renaissance de l'église Saint-Victor de Montesquieu-Volvestre.

La vaste halle de Montesquieu-Volvestre a été remaniée au XVIe siècle.

Revel. La halle et son beffroi muni d'un clocheton.

Revel. Vaste et belle halle en bois datée du XIVe siècle.

retable du XVIIIe en bois sculpté doré avec colonnettes de marbre et une toile du peintre toulousain Despax du XVIIIe, représentant le martyre de saint Victor.

Enfin, en s'éloignant de la place, on peut admirer quelques rues bordées de maisons à colombages. Certaines demeures à auvents portent encore à l'étage de longues poutres de bois destinées autrefois au séchage des pièces de tissu qui venaient d'être fabriquées.

Revel (Haute-Garonne)

Située à la limite orientale de la Haute-Garonne et au pied du versant nord de la Montagne Noire, Revel est une cité réputée pour la grande diversité de ses activités. C'est tout d'abord un marché agricole particulièrement actif et c'est aussi un centre industriel très animé. Mais sa réputation actuelle ne doit pas nous faire oublier qu'il s'agit également d'une bastide. Ses nombreux vestiges se chargent d'ailleurs de nous rappeler son passé médiéval.

En 1342, le roi de France, Philippe VI de Valois, décida de fonder Revel dans la plaine, au milieu de la forêt de Vaure, alors que celle-ci restait un obstacle pour les communications entre Castelnaudary et Castres. Le nom attribué à la nouvelle fondation fut emprunté à un ancien château, Mont-Revel, situé à proximité. Le roi chargea le sénéchal de Toulouse, Agout de Baux, de réaliser l'opération et un seigneur local, le seigneur Flotte, fut désigné pour surveiller les premiers pas du nouveau village. La tâche était difficile ; il fallut exécuter de nombreux travaux de défrichement et inclure dans l'agglomération une communauté rurale qui existait déjà sur les lieux. La construction fut longue ; elle était encore en cours en 1345.

Revel a été l'une des dernières bastides à naître dans la région, mais son architecture n'en a pas pour autant été moins soignée. Elle a adopté un plan orthogonal, s'est dotée d'un beau quadrillage de rues insérant la place en son centre et a été entourée quelque temps plus tard d'une enceinte de forme hexagonale.

Les nouveaux habitants ont très vite bénéficié d'une charte de coutumes fort détaillée qui réglait leur vie quotidienne sous la forme de quatre-vingt-neuf articles. Il semble que les avantages concédés étaient beaucoup plus considérables que ceux accordés aux autres communautés voisines. Les familles étaient exemptes de droits de leude sur les marchés non seulement dans le village, mais aussi dans toutes les « judicatures » du Lauragais et de Villelongue. Elles jouissaient en particulier de la liberté de chasse pour toutes les sortes de gibier. En matière de justice, elles avaient le privilège de bénéficier des services d'un juge royal et étaient soumises à une réglementation bien précise. Tout était prévu : les coups, les blessures et les menaces étaient punis d'amendes. Quant au meurtre, il entraînait la confiscation des biens au profit du seigneur.

Les débuts de Revel furent difficiles, car en 1348, la peste décima une partie de la population et retarda son développement. Elle entra ensuite de plein fouet dans la guerre de Cent Ans et ce fut l'occasion pour elle en 1355 de se protéger en construisant des fortifications. Par la suite, elle subit les méfaits des guerres de Religion. Elle avait néanmoins réussi entre-temps à prendre son essor. Le XVIIe siècle fut pour elle une période plutôt faste : elle perdit certes ses murailles à l'occasion de la paix d'Alès en 1629, mais entre 1660 et 1680, elle retrouva une certaine animation en devenant le quartier général de Pierre-Paul Riquet qui travaillait à la réalisation du canal du Midi et construisait en particulier, non loin de là, à Saint-Ferréol, un énorme bassin d'alimentation.

Maintenant, on peut encore s'imprégner du passé de la bastide en visitant ses différents quartiers. Les vieilles rues recèlent de pittoresques maisons aux façades remarquables et à encorbellements. La vaste place quadrangulaire qui a pris le nom de Philippe VI de Valois reste le principal centre d'intérêt. Entourée de couverts, souvent appelés ici « garlandes », elle est occupée en son centre par une belle halle en bois du XIVe siècle supportée par de nombreux piliers et dévoilant au sommet un beffroi muni d'un clocheton. Sur ses quatre côtés, les habitations, dont les murs sont souvent faits de pierres et de briques, portent la marque des XVIIIe et XIXe siècles et sont ornées de quelques beaux balcons ouvragés. Enfin, les allées qui ceinturent le centre de la ville rappellent le tracé des fortifications.

Aujourd'hui, Revel reste un dynamique marché agricole, mais la ville s'est surtout spécialisée dans l'artisanat du meuble d'art. Elle a bénéficié depuis 1889 de l'arrivée d'un ébéniste versaillais, Alexandre Monoury, qui a fait école dans la cité et de nombreux autres métiers complémentaires tels que ceux des tapissiers, décorateurs, doreurs ou marbriers s'y sont développés. Elle a acquis aussi un autre titre de célébrité en tant que lieu de naissance de Vincent Auriol, premier président de la IVe République de 1947 à 1954. Mais elle reste toujours une pittoresque bastide que les touristes se doivent de visiter avant d'aller plus loin découvrir la Montagne Noire.

Mirepoix (Ariège)

Cette cité, qui a trouvé sa place entre la chaîne des Pyrénées et la vaste plaine de la Garonne, a pour elle bien des atouts. Elle est connue comme marché agricole, mais c'est surtout une ancienne bastide dont l'aspect très particulier lui a valu le surnom de « Mirepoix la médiévale ».

Quand on se trouve sur sa longue place aux vastes dimensions (cent douze mètres sur cinquante-cinq), on se sent comme transporté dans une autre époque. Ses maisons bâties entre le XIIIe et le XVe siècle restent de pittoresques témoins du passé et présentent de curieuses façades de diverses couleurs. Dotées de deux étages et parfois d'encorbellements, elles sont ornées de colombages à croisillons. Parmi elles, la demeure des Consuls se distingue par ses solives ouvragées où l'on peut admirer des têtes humaines artistement sculptées. Les couverts, qui reposent sur de robustes piliers en bois, protègent les habitants de la chaleur et des intempéries. Seule la halle métallique, qui a remplacé les anciennes installations abritant le marché, nous rapproche des temps modernes.

Mirepoix. La porte d'Aval située à l'extrémité de la rue Cambon est le seul vestige des murailles.

Clocher de la cathédrale Saint-Maurice de Mirepoix.

Robuste pilier en bois des couverts de Mirepoix.

Les solives de la maison des Consuls de Mirepoix sont sculptées de têtes humaines ou de monstres.

Non loin de là, la cathédrale Saint-Maurice se remarque à son aspect imposant. Sa belle structure et son chevet polygonal entouré de chapelles rappellent Saint-Vincent de Carcassonne ou la Dalbade de Toulouse. Elle a subi quelques modifications depuis la fin du XIIIe siècle, mais possède encore un beau portail gothique du XVe et une longue flèche finement découpée, haute de soixante mètres. À l'intérieur, la nef en forme de vaisseau est l'une des plus vastes du sud de la France (quatrante-huit mètres sur vingt-deux).

Au bout de la rue Cambon, on peut admirer la porte d'Aval, seul vestige apparent des anciennes murailles. Elle a conservé la rainure de sa herse ainsi que deux archères et un écusson gravé.

Mirepoix existait dès le Xe siècle. En 1207, le comte de Foix, Raymond-Roger, sous l'autorité duquel elle était placée, la dota d'une charte, mais à cette époque elle se trouvait à un tout autre emplacement que la ville actuelle. Elle se situait sur la rive droite de l'Hers, au pied du château de Terride. Dès 1209, au cours de la croisade contre les albigeois, Simon de Montfort s'en empara et la confia à l'un de ses proches, Guy de Lévis. Ce premier village n'eut toutefois pas une longue existence. En 1279, le barrage du lac de Puivert, qui se trouvait à vingt-huit kilomètres de là, se rompit; il provoqua une terrible inondation et sa destruction complète.

Dix ans plus tard, à la demande des consuls de l'ancienne cité, Guy de Lévis décida de construire une nouvelle agglomération en un lieu plus sûr, au confluent de l'Hers et du Countirou. Son fils Jean mit le projet à exécution. La bastide adopta un plan classique autour de deux axes rectangulaires et, si l'on en juge d'après les vastes dimensions de la place, il semble que le fondateur ait eu de grandes ambitions pour elle. Épris de nouvelles idées, il désirait ardemment que tous ceux qui venaient se fixer à Mirepoix jouissent de nombreuses libertés et privilèges: « Il faut, disait-il faire bon accueil à ceux qui, asservis par un maître inhumain, s'en vont chercher un refuge pour échapper à l'oppression; un accord doit intervenir avec eux; il convient de les traiter avec des égards et de leur assurer des avantages; ce sera le moyen des les accoutumer à leur nouvelle situation et aux obligations qu'elle comporte. »

Les nouveaux habitants étaient exemptés de certaines redevances telles que la taille et la quête, mais ils étaient soumis à la règle de la banalité des fours et des moulins. Ils étaient autorisés à chasser, mais ils n'avaient pas accès à certains gibiers tels que les lapins, qui restaient réservés au seigneur. À l'époque, on ne plaisantait guère sur ce genre d'interdiction; les contrevenants subissaient la mutilation de la main et payaient une amende de dix livres tournois. Les consuls obtinrent toutefois des adoucissements à ces règles. L'amputation fut supprimée et l'amende réduite à soixante sous.

CI-CONTRE

La façade de la maison des Consuls à Mirepoix.

La MAISON des CONSULS

Vue panoramique de la bastide de Carcassonne depuis la citadelle.

Guy de Lévis s'attacha aussi à améliorer les conditions d'hygiène dans la bastide. Il fit en particulier réglementer les ventes de viande chez les treize bouchers. Ceux-ci ne devaient en aucun cas, sous peine d'amende, vendre à la boucherie publique des moutons « languissants » ou épileptiques et des béliers touchés par la gale. Afin de permettre un certain contrôle, les bêtes devaient être amenées sur pied chez le boucher ou à la boucherie commune. Les viandes ne pouvaient ensuite être commercialisées qu'après avoir été échaudées deux fois à l'eau bouillante.

Le pape Jean XXII érigea la paroisse en évêché en 1317 et fit agrandir la première église Saint-Maurice qui avait été dédicacée en 1298 par Jean Ier de Lévis et son épouse Constance de Foix. La guerre de Cent Ans compromit toutefois le développement de la bastide. En 1355, le Prince Noir provoqua quelques dégâts, en1361 la peste fit des ravages et en 1363 les routiers de Jean Petit incendièrent la cité. Le cœur de la bastide fut, semble-t-il, modifié à la suite de ces derniers méfaits et la ville s'entoura de remparts et de fossés. Plus tard, au XVIe siècle, elle connut une ère de prospérité et s'agrandit de plusieurs faubourgs.

Aujourd'hui, Mirepoix est une petite cité rurale de trois mille habitants. Elle s'anime en particulier lors des marchés des jeudis et samedis, et au cours de ses foires au bétail des deuxième et quatrième lundis de chaque mois. La semaine médiévale du mois de juillet est l'occasion de faire revivre la bastide.

Carcassonne (Aude)

Blottie au pied la citadelle, comme si elle cherchait à faire œuvre de la plus grande discrétion, la ville basse de Carcassonne semble vouloir se faire oublier en face de son imposante et prodigieuse voisine. Pourtant elle a, elle aussi, ses titres de noblesse : c'est en effet une bastide au riche passé qui nous dévoile encore aujourd'hui son plan caractéristique en damier et ses longues rues qui se coupent à angle droit.

Elle naquit au XIIIe siècle dans une période tourmentée alors qu'un grand antagonisme régnait entre le vicomte de Trencavel, seigneur de la cité, et le roi de France, Louis IX. En 1247, lorsque après un siège mémorable, le vicomte effectua sa soumission, le roi accorda son pardon aux Carcassonnais et confia à son sénéchal Jean de Cranis la délicate mission d'assigner un nouveau lieu de résidence aux habitants des faubourgs détruits. L'emplacement devait être choisi de façon à ne pas porter préjudice à la cité et donc se trouver suffisamment éloigné de celle-ci.

Les familles sans logis se regroupèrent tout d'abord dans les parties basses qui longent la rive droite de l'Aude, mais ces terrains ne convenaient guère. Alors, le sénéchal décida que le nouveau bourg serait implanté au-delà du fleuve, sur la rive gauche. L'affaire ne paraissait pas simple, quatre propriétaires différents se trouvant ainsi impliqués : l'évêque, le chapitre, l'ordre du Temple et le roi lui-même. Un accord fut toutefois vite trouvé et un contrat de paréage fut signé par les diverses parties, garantissant à chacun des droits sur la ville nouvelle et sur ses habitants.

Le roi confirma les coutumes déjà en vigueur dans la cité et qui s'appliquaient désormais à ces nouveaux lieux. La bastide fut dotée de consuls chargés de l'administrer en liaison avec un conseil de notables. Ces édiles devaient être élus le 15 août de chaque année et portaient comme habits de fonction une cape rouge « avec parements noirs, fourrures et chaperons ». Le cœur spirituel de la ville était constitué de deux églises, Saint-Vincent au nord et Saint-Michel au sud.

Le développement de la nouvelle ville fut assez rapide. En 1304, en effet, elle comptait déjà deux mille trois cents feux, soit près de dix mille habitants, ce qui en faisait la plus importante bastide de l'époque. Elle devint bientôt l'un des centres drapiers les plus réputés du Languedoc. Les pièces de drap qui y étaient fabriquées portaient comme marque d'origine trois fleurs de lys tissées et le « camelin » de Carcassonne devint désormais célèbre. Puis des ordres mendiants, les Cordeliers, les Jacobins, les Carmes, vinrent s'implanter. Au milieu du XIVe siècle, le chroniqueur Froissart décrivait le bourg comme « une grasse et florissante agglomération de sept mille maisons ».

Mais cette période florissante va bientôt s'interrompre avec une succession de fléaux : la faim, la peste et le début de la guerre de Cent Ans. En 1355, le Prince Noir, au cours de l'une de ses chevauchées dévastatrices, pénétra dans la ville, malgré la résistance des Carcassonnais ; il l'incendia, la pilla et l'abandonna en piteux état. La bastide fut alors reconstruite sur un espace plus réduit. Elle fut dès lors entourée de remparts munis de tours circulaires et doublés de larges fossés. Un pont (le Pont Vieux) vit alors le jour. Il permit de relier la ville basse à la ville haute.

De la fin du XIVe au XVIIIe siècle, l'industrie drapière reprit son essor, à peine interrompu par quelques épisodes mouvementés au cours des guerres de Religion. De nombreux hôtels particuliers furent construits au profit de riches marchands carcassonnais. La ville basse fut toujours durant cette période préférée à la cité. La forteresse avait perdu sa raison d'être après le traité des Pyrénées de 1659 qui rattachait le Roussillon à la France. Notables, autorités civiles, religieuses et juridiques s'installèrent dans la bastide. Le siège épiscopal fut même transféré dans l'église Saint-Michel en 1801.

Mais sous la Monarchie de Juillet, en 1844, cette situation se renversa. Sur l'instigation d'érudits locaux et sous la direction de Viollet-le-Duc, la cité fut réhabilitée et restaurée. Après de nombreux travaux, elle retrouva sa splendeur du XIIIe siècle. En revanche, la bastide perdit insensiblement de son importance et de sa notoriété.

Aujourd'hui, le voyageur qui vient visiter Carcassonne l'aborde souvent par la ville basse. Il est sans doute frappé par son modernisme et pourtant il doit s'attarder un peu en ces lieux pour observer quelques vestiges : les rues régulières qui se coupent à angle droit, les deux bastions qui appartenaient aux anciens remparts aujourd'hui remplacés par les boulevards et les deux vieilles églises de Saint-Vincent et Saint-Michel. Il doit se souvenir qu'il est sur le territoire d'une bastide édifiée sous le règne de Saint Louis.

Carcassonne. Un des deux bastions qui appartenaient aux anciens remparts ; l'église Saint-Vincent ; l'église Saint-Michel.

CHARENTE-MARITIME
17
CHARENTE
16
HAUTE-VIENNE
87
CORRÈZE
19
DORDOGNE
24
CANTAL
15
GIRONDE
33
LOT
46
LOT-ET-GARONNE
47
LANDES
40
TARN-ET-GARONNE
82
AVEYRON
GERS
32
TARN
81
PYRÉNÉES-ATLANTIQUES
64
HAUTES-PYRÉNÉES
65
HAUTE-GARONNE
31
ARIÈGE
09
AUDE
11
PYRÉNÉES-ORIENTALES
66
ANDORRE
ESPAGNE
BORDEAUX
TOULOUSE
SAN SEBASTIAN (DONOSTIA)
Pamplona (Irunea)
Royan
Saujon
Saintes
Cognac
Angoulême
Eymoutiers
Châlus
Ussel
Pointe de Grave
Soulac-sur-Mer
Gironde
Mirambeau
Jonzac
Barbezieux-St-Hilaire
Nontron
Thiviers
Treignac
Uzerche
Égletons
Tulle
Brantôme
Chalais
Ribérac
Lesparre-Médoc
Étang d'Hourtin-Carcans
Castelnau-de-Médoc
Blaye
St-André-de-Cubzac
Coutras
La Roche-Chalais
Périgueux
Brive-la-Gaillarde
Argentat
Mauriac
Salers
Aurillac
Étang de Lacanau
Lacanau
Mussidan
Les Eyzies
Sarlat-la-Canédat
Cressensac
Martel
Souillac
St-Céré
Libourne
Ste-Foy-la-Grande
Bergerac
Dordogne
Garonne
Bassin d'Arcachon
Arcachon
Sauveterre-de-Guyenne
Cadillac
Langon
Monpazier
Domme
Gourdon
Rocamadour
Rudelle
Figeac
Maurs
Villeréal
Villefranche-de-Périgord
Marmande
Monflanquin
Fumel
Cahors
Carjarc
Villefranche-de-Rouergue
Decazeville
Rodez
Lac de Cazaux
Biscarrosse
Lac de Biscarrosse
Bazas
Tonneins
Villeneuve-sur-Lot
Parentis-en-Born
Labouheyre
Casteljaloux
Aiguillon
Agen
Castelsagrat
Mimizan
Sabres
Vianne
Nérac
Moissac
Caussade
Sauveterre-de-Rouergue
Saint-Justin
Fourcès
Castelsarrasin
Montauban
Cordes-sur-Ciel
Carmaux
Réquista
Labastide-d'Armagnac
Condom
Lectoure
Castelnau-de-Montmiral
Albi
Castets
Tartas
Mont-de-Marsan
Montréal
Fleurance
Saint-Clar
Beaumont-de-Lomagne
Lisle-sur-Tarn
Gaillac
Graulhet
Dax
Hossegor
St-Sever
Aire-sur-l'Adour
Auch
Cologne
Blagnac
Lavaur
Lacaune
Capbreton
St-Vincent-de-Tyrosse
Peyrehorade
Bayonne
Colomiers
Castres
St-Jean-de-Luz
Orthez
Hagetmau
Mirande
Lombez
Revel
Mazamet
Cambo-les-Bains
Labastide-Clairence
Hendaye
Salies-de-Béarn
Muret
Villefranche-de-Lauragais
Irun
St-Palais
Mourenx
Pau
Rabastens-de-Bigorre
Trie-sur-Baïse
Canal du Midi
Castelnaudary
Zarautz
Oloron-Ste-Marie
Tarbes
Tolosa
Santesteban
St-Jean-Pied-de-Port
Lourdes
Bagnères-de-Bigorre
Lannemezan
Montesquieu-Volvestre
Pamiers
Carcassonne
Lézignan-Corbières
St-Gaudens
Mirepoix
Limoux
Étang de Bages Sigean
Alsasua
Irurzun
Roncesvalles
Accous
Laruns
Argelès-Gazost
Pic du Midi de Bigorre
2872
La Mongie
St-Girons
Foix
Couiza
Urdos
Cauterets
Fos
Lavelanet
Quillan
Salses-le-Château
Tarascon-sur-Ariège
Estella
Vignemale
3298
St-Lary-Soulan
Bagnères-de-Luchon
Viella
Gavarnie
3143
Pic d'Estats
Ax-les-Thermes
Rivesaltes
Embalse de Yesa
Tafalla
Jaca
Bielsa
Pic d'Aneto
3404
Ribera de Cardos
El Serrat
Prades
Sangüesa
Font-Romeu
2784
Pic du Canigou
Céret
Ainsa
Vilaller
ANDORRA LA VELLA (Andorre-la-Vieille)
Sort
Bourg-Madame
Ribes de Fresser
Prats-de-Mollo-la-Preste
La Seu d'Urgell (Seo de Urgel)
Rio Segre
Embalse de Mediano
0
50
100 km
Carte : Patrick Mérienne

Table des matières